감자를 맛있게
먹는 방법

감자를 맛있게 먹는 방법

초판 1쇄 | 2007년 12월 25일
초판 2쇄 | 2009년 4월 25일

지은이 | 송재영
펴낸이 | 김은옥
펴낸곳 | 올리브북스
주소 | 부천시 원미구 중동 1152-3 메트로팰리스 1차 A동 1203호
전화 | 02-393-2427
이메일 | kimeunok@empal.com
출판등록 | 제387-2007-00012호

ISBN 978-89-958775-5-5 03230

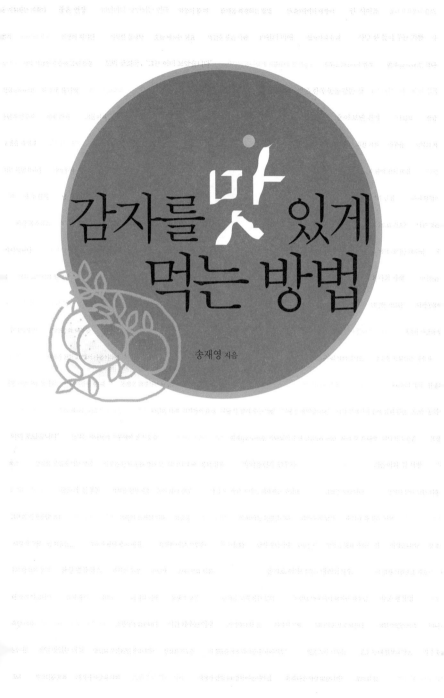

감자를 맛 있게 먹는 방법

송재영 지음

서문

정해진 시간에 글을 써야 하는 고통을 경험해 보셨는지요. 이를 경험해보지 못한 사람은 그 중압감을 알지 못합니다. 어떤 칼럼니스트(columnist)가 글을 쓰는 고통을 세 단계로 표현했습니다.

첫 번째는 치약을 짜는 단계입니다. 매일 치약을 짜게 되면 나중에는 더 이상 짜낼 것이 없는 한계에 도달한다는 것입니다.

두 번째는 어부가 그물을 내리는 단계입니다. 어부가 매일 배를 타고 바다로 나가 그물을 던져 고기를 잡아오는 것과 같은 단계입니다. 읽는 것, 보는 것, 생각하는 것, 이 모두가 글을 쓰는 것과 연관지어 생각하게 되는 것입니다.

세 번째는 〈동물의 왕국〉에 등장하는 사자의 단계입니다. 사자는 낮잠을 자다가도 배가 고프면 사냥을 나갑니다. 사냥을 나가면 실패할 수도 있지만, 대개는 먹잇감을 잡아오기 마련입니다. 크게 부담을 느끼지 않고 글을 쓸 수 있는 단계가 된다는 것입니다.

교회에서 발간하는 주보에 칼럼을 연재하기 시작한 것이 벌써 9년째 되었습니다. 그동안 거의 빠지지 않고 칼럼을 쓸 수 있었던 힘은 이 글을 읽어주는 분들이 있었기 때문입니다.

어떤 분은 직원 조회 시간에 읽어주는 자료로 사용하기도 하였고, 사무실 탁자 유리에 끼워 넣고 고객들로 하여금 자연스럽게 읽도록 유도하시는 분도 있었습니다.

99년도에 주보를 개편하면서 "우리 교회 주보는 전도지다!"는 개념으로 주보의 콘셉트(concept)를 정했습니다. 그래서 칼럼을 쓸 때 특별한 날이나, 꼭 필요한 경우가 아니면 기독교적인 용어를 배제했습니다. 비그리스도인들도 쉽게 읽을 수 있도록 하기 위해서입니다.

여기에 수록된 칼럼들은 매주 쓴 지난 글들 중에 다시 읽고 싶은 글들을 모았습니다. 욕심을 한 가지 낸다면 이 글들이 조금이나마 우리 마음을 따뜻하고, 긍정적으로, 사랑으로 채울 수 있기를 기대합니다.

2007년 10월에
송재영

목차

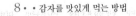

8 ·· 감자를 맛있게 먹는 방법

처음 내보였던 마음은 깎이고 또 깎여서 따질까 둥글게(●) 되었고, 한쪽 모퉁이는 길이 삭이가 생겨 둥글둥글 동그 페이지 되었다고 합니다. 그래서 사람의 마음은 하트(♥)랍니다.

감자 볶기

10 · · 감자를 맛있게 먹는 방법

3···

요즘 우리 사회는 너무 재미있는 것을 좋아합니다. 영화도 말초적인
장면이 없으면 관심이 없고, TV를 보다가도 조금 지루하면 바로 채널을 돌립니다.

감자 양념하기

모든 것 위에
상대방을 배려하는
마음이 더해진다면
더욱 감동을
주게 될 것입니다.

감자를 맛있게
먹는 방법

1

사탕
한 알의 가치

청중을 지휘하는
지휘자 · · · · ·

대구 CBS 창사기념 음악회가 있었습니다.

금난새 씨가 지휘하는 유라시안 오케스트라의 연주는 어려운 고전 음악임에도 불구하고 감동을 느끼기에 충분했습니다.

오케스트라의 연주보다도 더 좋았던 것은 그의 지휘였습니다. 클래식 음악회에서, 그는 파격적인 자세로 청중들 앞에 섰습니다. 옷깃에 핀 마이크를 부착한 지휘자는 첫 연주를 시작하면서 유머로 청중들의 마음을 풀어주었고, 때로는 성악가에게 농담을 던지기도 했습니다. 연주 중간중간에는 연주할 곡들을 미리 시연해주기도 했고, 마지막 심포니를 연주하기 전에는 마치 음악시간이라는 착각이 들 정도로 연주할 곡에 대한 설명도 해주었습니다.

"첼로의 선율이 끊어질 듯 끊어지지 않고 이어질 때, 플루트 연주자의 독주가 나올 것입니다. 그런 후에 전체 악기가 함께 힘 있게" 하면서 시연을 한 후, '바로 이 부분이 연주의 마지막이라는 것을 아시고, 그때 여러분은 박수칠 준비를 하십시오.'라며 자상하면서도 유머러스한 설명을 해주었습니다.

그 음악회가 감동적이었던 것은 그분이 단순히 오케스트라를 지휘한 것이 아니라, 모든 청중을 지휘하는 지휘자였기 때문입니다. 음악가는 음악만 잘하면 된다고 생각할 수도 있습니다. 그러나 거기에 자상한 배려가 더해진다면 금상첨화가 아니겠습니까.

모든 일이 같습니다. 모든 일에 상대방을 배려하는 마음이 더해진다면 더욱 큰 감동을 줄 것입니다.

좋은
연장 · · · · ·

"서툰 목수가 연장 나무란다."는 속담이 있습니다.
한편으로는 맞는 말이지만 다른 한편으로는 틀린
말입니다. 물론 실력 있는 목수는 연장이 아무리 열악해도 상
관 없겠지만 연장이 좋다면 더 좋은 작품을 만들 수 있을 것입
니다.

이제는 "실력 좋은 목수일수록 더더욱 연장 나무란다."라
고 해야 옳을 것입니다.

세계적인 운동선수들의 연장(장비) 가격은 상상을 초월합
니다. 세계적인 명품 바이올린으로 알려진 '스트라디바리우
스'의 가격이 약 40억대를 상회한다고 합니다. 우리나라의 장
영주가 쓰는 '꽈르네리'는 그 보다도 더 비싼 600만 달러라고

합니다. 이것을 사치라고 하지 않는 이유는 그만한 가치가 있기 때문입니다. 처음 바이올린을 배우는 사람이 그런 악기를 사용한다면 우스운 것입니다.

미야모토 무사시의 「오륜서」(五輪書) 중에 보면 이런 내용이 나옵니다. "목수가 갖춰야 할 소양으로 가장 중요한 것은 틈틈이 잘 드는 연장으로 갈고 손질하는 것이다. 그 연장을 사용하여 문갑과 책상, 또는 사방 등을 만들어 내고 도마나 냄비 뚜껑까지도 멋지게 잘 만들어 내는 일이 목수로서 가장 중요하다."

아무리 목수의 솜씨가 빼어나도, 잘 드는 연장이 손 안에 있을 때의 이야기입니다. 다시 없는 명품도 틈틈이 연장을 갈아 놓는 사람에게서 나옵니다. 기회는 준비하는 사람에게만 찾아옵니다.

10년마다
상연되는 연극 · · · · ·

독일 남부 바이에른 주를 여행한 적이 있습니다.

그곳에는 우리에게 '백조의 성'으로 알려져 있는 노이슈반스타인(Neuschwanstein) 성이 있습니다. 바이에른 공화국의 국왕 루드비히 2세가 17년의 세월과 거액의 비용, 많은 인부들의 목숨을 투자하여 만든 화려하고 아름다운 성입니다. 미국의 유명한 월트 디즈니(Walt Disney, 1901~1966)가 이 성을 모델로 하여 디즈니 성을 만들었다는 것은 유명한 일화입니다.

이 성 가까이에 오버람머가우(overammergau)라고 잘 알려지지 않는 작은 마을이 있습니다. 어렵게 길을 물어서 그 마을을 찾아, 작은 펜션에서 하룻밤 묵었던 때를 잊을 수 없습니다.

이 작은 마을에 가보고 싶었던 이유는 그곳에서 열리는 아주 특별한 연극 때문입니다. 이 마을 사람들은 십 년에 한 번씩 아주 특별한 연극을 공연합니다.

1633년 중세시대, 흑사병으로 인한 죽음의 그림자가 온 유럽을 뒤덮을 때, 이 마을 사람들은 십자가 환상을 보게 됩니다. 그 환상이 나타난 후, 마치 죽음의 사자가 애굽의 장자들을 칠 때, 히브리인들의 거주 지역이었던 '고센' 땅에는 죽음이 비켜 갔듯이 흑사병이 이 마을을 피해 갔다고 합니다.

그로인해 마을 사람들은 죽음에서의 구원을 고백하기 위하여 예수님의 수난을 공연하겠다고 서원합니다. 그후로부터 지금까지 370년 동안 십 년에 한번씩 이 연극을 공연하고 있습니다. 마을 사람들이 배역을 맡아 공연하는 이 연극을 보기 위해서 전 세계에서 그 마을을 찾고 있습니다.

아름다운 백조의 성을 지었던 왕의 이름은 인생의 허무함을 강하게 대변하는 반면에 오버람머가우 마을 사람들의 신앙 고백은 지금까지도 많은 사람들에게 감동을 주고 있습니다.

역풍이
불 때 · · · ·

바람을 이용하여 항해를 하는 무동력 요트가 있습니다.

그 요트가 바람이 불어오는 방향으로, 즉 바람을 거슬러 나갈 수 있을까 하는 의문이 생겼습니다. 상당히 어려워 보이지만, 아마 그것이 불가능했다면 요트는 쓸모없을 것입니다.

오래 전, 별다른 동력이 없던 시절에도 사람들은 바람을 이용하여 자유자제로 바다를 항해했습니다. 바람이 부는 방향과 상관없이 그들은 목적지에 도달했습니다. 그들에게 항해가 가능했던 것은 무엇 때문일까요.

요트를 타는 사람들은 "요트는 직접 바람을 향해 달릴 수는 없지만 요트를 지그재그로 전진시키는 '태킹' (불어오는 바람

의 대각선(45°) 방향으로 항해하는 방법)을 이용하면 바람이 불어
오는 방향을 향하여 달릴 수 있다."고 말합니다.

우리는 역풍을 만날 때 너무 쉽게 포기하거나 안 된다고 말
합니다. 그러나 항해하는 사람에게 위기는 역풍이 불 때가 아
니라 바람이 불지 않을 때입니다. 바람이 불지 않으면 결코 요
트는 움직일 수 없습니다.

또 하나, 바람을 거슬러 항해하는데 필요한 것은 지도입니
다. 가야 할 목적지를 바라본다는 것입니다. 요트를 움직이는
데 중요한 것은 바람의 세기나 방향이 아니라 지도입니다. 어
디로 가야겠다는 목적의식입니다.

인생 항해의 지도를 가지고 있습니까. 역풍은 문제가 되지
않습니다. 중요한 것은 가야 할 방향입니다.

세상에서
가장 비싼 식사 ‥‥‥

세계에서 가장 비싼 식사는 한끼에 얼마일까요?

얼마 전, 미국의 어느 인터넷 경매 사이트에서 점심식사가 경매에 붙여졌습니다. 그리고 그 점심식사는 65만 100달러(약 6억 원)에 낙찰됐습니다. 도대체 어떤 음식이 나오길래 한끼에 6억 원이나 한다는 말입니까? 그런데 정작 그 점심 식사가 이루어지는 레스토랑이나 그 음식의 메뉴에는 별로 관심이 없는 듯 보였습니다.

세계적으로 투자의 귀재라고 알려져 있는 투자 전문가 '워렌 버핏'은 자신과의 점심식사를 경매에 붙였습니다. 버핏은 지난 2000년부터 매년 한 차례씩 오찬을 경매에 부쳐 수익금을 자선단체에 기부해 오고 있다고 합니다.

무엇 때문에 천문학적인 식사비용을 부담하면서 버핏과의 식사를 하려는 것일까요? 여기에 응하는 사람들에게는 여러 가지 이유와 목적이 있을 수 있겠습니다. 세계적인 부자이면서도 존경받는 부자에 대한 존경심일수도 있겠고, 그의 투자비결을 알고자하는 목적일 수도 있습니다.

우리는 여기서 중요한 사실 하나를 발견하게 됩니다. 때로 식사는 음식이 전부가 아닙니다. 음식의 내용보다 더 중요한 것은 누구와 음식을 먹느냐하는 것입니다. 사랑하는 사람과 함께 하는 식사는 무엇을 먹느냐가 중요하지 않습니다. 기억에 남는 추억의 식사는 "무엇을 먹었다" 가 아니라 "누구와 먹었다" 는 것입니다. 함께 식사하고 싶은 사람, 시간을 함께 보내고 싶은 사람이 되고 싶습니다.

"마른 빵 한 조각을 먹으며, 화목하게 지내는 것이, 진수성찬을 가득히 차린 집에서 다투며 사는 것보다 낫다" (잠언 17:1).

신(新) 개미와
배짱이 · · · · ·

이솝 우화에 〈개미와 배짱이〉 이야기가 있습니다. 개미는 여름 내내 부지런히 일을 해 추운 겨울을 대비했고, 여름 동안 노래나 부르고 빈둥거린 배짱이는 개미에게 구걸하는 신세가 되었다는 것입니다.

요즘은 새로운 버전의 개미와 배짱이가 있습니다.

개미는 여름 내내 겨울 먹이를 위해 열심히 일하다가 신경통, 관절염 허리 디스크에 걸려서 그만 몸져눕고 말았습니다. 반면에 여름 내내 기타나 치면서 놀던 배짱이는 갈고 닦은 노래실력으로 신곡을 발표했는데 그것이 대성공을 거두면서 돈방석에 앉게 되었다는 이야기입니다.

이 이야기는 우리의 전통적인 가치관으로 보면 아이러니입니다. 그러나 지식 정보화 사회의 개념에서 보면 개미는 변화에 적응하지 못한 무능한 존재이고, 반면에 배짱이는 고부가 가치를 창출하는 창의적인 신지식인입니다.

이러한 개념의 변화는 오늘 우리가 사는 이 사회가 얼마나 변했는가를 보여주는 한 단면입니다. 이것을 비난만 하는 것은 자신의 무능을 드러내는 것일 뿐입니다. 이러한 사회의 현실을 이해하지 못하고는 미래를 대처할 수 없습니다.

그리스도인은 시대를 읽을 줄 알아야 합니다. 그리스도인은 세상을 떠날 존재가 아니라, 세상으로 보냄을 받은 자들입니다. 세상을 떠나, 담을 쌓는 것은 '거룩'이 아니라 '거만'입니다. 예수님은 세상을 향하여 가라고 하셨음을 명심해야 합니다.

퀸
사이즈 · · · · ·

'퀸 사이즈'(Queen Size)라는 말을 아시는지요. 이 말은 미국의 오스틴이라는 여성 사업가가 처음으로 사용했습니다. 오스틴의 직업은 뚱뚱한 여성을 위한 속옷을 판매하던 사람입니다. 그는 자신의 옷에 '뚱보형'이라는 말 대신 '퀸 사이즈'(여왕형)라는 이름을 붙여 판매해서 대성공을 거두었습니다.

그의 성공 비결은 듣기 좋은 용어를 사용한 것에 있습니다. 부정적인 말은 그 사람의 인생을 부정적으로, 아니 비극적으로 만듭니다. 반대로 긍정적인 언어는 인생을 행복하게 만드는 지름길입니다.

우리가 잘 아는 이야기 가운데 이런 이야기가 있습니다. 두 사람의 세일즈맨이 각각 아프리카로 출장을 갔습니다. 그들이 아프리카로 출장을 간 이유는 그곳에 신발을 수출하기 위해서 입니다. 그런데 가서 보니 기가 막힌 일이 있었습니다. 아프리카 사람들은 모두가 신발을 신지 않고 살고 있었습니다. 두 사람은 한국에 있는 본사에 각각 다른 내용의 전문을 보냈습니다.

"신발 수출 불가능. 가능성 0퍼센트. 전원 맨발임."

그리고 다른 한 사람은 "황금 시장. 가능성 100퍼센트. 전원 맨발임." 기가 막힌 시각의 차이입니다.

같은 상황일지라도 바라보는 시각에 따라 천지차이입니다. 긍정적인 눈은 인생을 풍요롭고 행복하게 만듭니다.

찰리 브라운의
활쏘기 · · · · ·

 스누피(Snoopy)라는 만화영화에 이런 장면이 나옵니다.

주인공 찰리 브라운이 활쏘기 연습을 하고 있었습니다. 그는 표적을 정해 놓지 않고 먼저 화살을 쏜 다음 그곳으로 걸어가 화살이 꽂힌 주위에 표적을 그렸습니다. 그 모습을 본 여자 친구가 묻습니다.

"찰리 왜 그렇게 하지."

찰리는 아무렇지도 않게 이렇게 대답합니다.

"이렇게 하면 절대로 빗나가는 법이 없으니까……."

짧은 내용이지만 이런 식으로 인생을 사는 사람들이 많다는 것을 풍자하고 있습니다. 표적을 정해 놓고 쏘는 것이 아니라 마음대로 쏘아놓고 그후에 표적을 그려 넣습니다. 그리고는 백발백중의 명사수라고 자부합니다. 목적 없는 자신의 삶을 합리화하는 것입니다.

2차 세계대전 당시, 독일의 유태인 수용소에서 자행되었던 고문 중에 하나는 목적 없는 일을 시키는 것이었습니다. 매일 아침, 독일 군인들은 유태인들에게 운동장 이편에 있는 흙더미를 반대편으로 옮기게 했습니다. 다음 날이면 그 흙더미를 다시 반대편으로 옮겨 나르게 했습니다. 한 달, 두 달, 매일 같이 의미도 목적도 없는 일을 반복해서 시키는 것입니다. 마침내 견디지 못한 유태인들은 스스로 전기 철조망에 뛰어 들어 목숨을 끊거나, 하나 둘, 정신분열 증상을 보이다가 서서히 인격이 파괴되어 갔습니다.

폴란드 바르샤바 유태인 수용소 벽에 적힌 낙서입니다. "비치지 않아도 나는 태양이 있음을 믿는다. 느끼지 못해도 나는 사랑이 있음을 믿는다. 보이지 않는다 해도 나는 하나님이 살아 계심을 믿는다."

이런 믿음이 있었기 때문에 그들은 견딜 수 있었습니다.

2080
법칙 · · · · ·

'2080법칙'이 있습니다.

이 말은 매출 순위 상위 20퍼센트 내에 있는 고객이 전체 매출의 80퍼센트를 담당한다는 통계에서 비롯되었습니다. 예를 들면 백화점에 수많은 손님들이 북적거리지만 사실 그 중에 돈 있는 사람, 20퍼센트가 매상의 대부분을 올려준다는 것입니다.

그렇다면 기업주는 어떻게 경영을 하겠습니까. 손님 중 다수를 차지하는 80퍼센트의 사람들보다는, 돈을 많이 쓰는 20퍼센트 사람에게 더 관심이 갈 것입니다. 그래서 백화점에서는 20퍼센트의 고객을 관리하는데 최선을 다합니다. 그들을 위한 VIP룸을 설치하기도 하고 그 가운데 1퍼센트의 고객은

VIP 중의 VIP로서 특별 관리를 한다고 합니다. 그 1퍼센트의 고객을 MVG(Most Valuable Guests)로 분류해서 가장 가치 있는 고객으로 대우한다고 합니다.

예수님은 이런 자들과는 달리 질서를 뒤흔드는 말씀을 하셨습니다. "너희 중에 큰 자는 너희를 섬기는 자가 되어야 하리라"(마태복음 23:11). 이 말씀은 모두가 평등해야 한다는 말이 아닙니다. 분명히 큰 자가 있고 작은 자가 존재합니다. 큰 자에게는 책임이 있습니다. 강한 자가 약한 자를 섬기는 것이 예수님의 정신입니다.

내가 다른 사람보다 뭔가를 더 가졌다면 감사해야 합니다. 그것을 사명으로 생각해야 합니다. 이것이 기독교가 말하는 복음적 삶입니다.

400원의
힘 · · · · ·

어떤 아주머니가 급하게 버스에 탔습니다.

버스에 탔다는 안도감에 한숨을 몰아쉬던 아주머니는 당황하기 시작했습니다. 급하게 버스에 타느라 잔돈이 있는지 미처 확인하지 못했던 것입니다. 요금을 내지 못해 쩔쩔 매고 있었지만 어느 누구하나 거들떠보지 않았습니다. 아주머니의 얼굴은 점점 더 상기되어갔습니다. 무안함을 감당하느라고 연신 땀을 뻘뻘 흘리면서 지갑을 이리저리 뒤지고 있었습니다.

그때 승객 중 한 사람이 자리에서 일어났습니다. 많은 사람들이 주시하는 가운데 뚜벅뚜벅 운전석이 있는 입구로 다가가서 말없이 자신의 지갑에서 모자란 400원을 대신 요금함에 넣었습니다. 이로서 버스 안에서 일어났던 작은 소동은 일단락되었습니다. 그분이 자기 자리로 돌아와 앉았을 때, 아주머니는 고맙다는 인사와 함께 연락처를 가르쳐달라고 부탁했습니다. 물론 그 사람은 정중하게 고작 돈 400원을 가지고 뭘 그렇게 고마워하느냐고 거절했습니다.

이 이야기는 한 성도님이 경험했던 일입니다. 그 성도님이 이렇게 말했습니다.

"고작 돈 400원을 쓰고 이렇게 고맙다는 인사를 받아보기도 처음입니다."

그렇습니다. 돈 400원을 가치를 매긴다면 그야말로 하찮은 것입니다. 그러나 돈의 가치는 얼마나 적절한 시기에, 적절한 곳에 사용되었는가로 결정되는 것입니다. 단돈 400원을 언제, 누구에게 사용하느냐에 따라 그 가치는 달라집니다.

물질은 필요한 곳에 사용할 때 진가를 발휘하는 것입니다.

인생의
계기판 ·····

비행학교에서 교관이 예비 조종사들에게 강조하는 말이 있습니다.

"비행기 조종석에 앉아서는 절대로 자신의 감각을 믿지 말라. 특히 악천후 속에서 비행할 때나 고도가 높아질 때, 항로를 이탈했을 때 더욱 더 자신을 믿지 말라. 그때는 계기판을 쳐다보아야 한다."

어떤 조종사가 훈련을 마치고 비행을 나갔습니다. 그는 자신의 비행 감각에 대해서 자신만만해 했습니다. 어느 날 비행하다가 좋지 않은 일기를 만났습니다. 앞뒤를 분간할 수 없는 짙은 안개 속에 갇히고 말았습니다. 조종사는 자신의 비행 지식을 총동원하였지만 점점 더 오리무중이었습니다. 방향조차 찾을 수가 없었습니다. 그때 비행학교 훈련 교관의 말이 떠올랐습니다.

"계기판을 보아라. 계기판을 믿고 따라가라."

그러나 자신이 느끼는 것과 계기판의 기록은 판이했습니다. 조종사는 계기판을 보면서 방향과 고도를 잡고 침착하게 조종을 해서 그 상황을 벗어날 수 있었습니다.

사람의 감각에는 개인차가 있습니다. 같은 온도의 실내에서도 어떤 사람은 덥다고 하고 어떤 사람은 춥다고 합니다. 자신의 상태와 기분에 따라 느끼는 감각이 다를 때가 있습니다. 우리의 인생길에 있어서 계기판은 나의 경험이나 감각적 판단이 아닙니다.

인류역사상 가장 오랫동안 인생의 계기판 역할을 해온 책이 있습니다. 바로 성경입니다. 성경은 우리 인생의 바른 계기판입니다. 지금 당신이 어려움 속에서 악천후를 맞고 있다면 과거의 경험을 되살리기 전에, 다른 사람들의 의견을 물어보기 전에 골방에 들어가 그 말씀의 계기판을 주시하십시오. 그 속에 길이 있습니다.

"주의 말씀은 내 발에 등이요 내 길에 빛이니이다"(시편 119:105).

이상한
경제학 · · · · ·

저희 집에 작은 어항이 있습니다.

친구에게 '구피' 라는 열대어를 얻어다가 길렀는데 이제 제법 식구가 늘었습니다. 구피는 알을 낳는 것이 아니라 새끼를 낳습니다. 작은 치어들이 성장하여 성어가 되고, 다시 새끼는 낳는 것을 보면 신기하기 그지없습니다.

그 작은 수족관에 돌림병이 돌기 시작했습니다. 며칠 전 새로 열대어 몇 마리를 넣었는데 거기서 병이 옮겨 온 모양입니다. 처음 겪는 일이라 인터넷에서 자료를 뒤지고 조사한 결과 그 병은 열대어의 지느러미에 하얀 곰팡이가 생기는 '백점병' 이라는 것을 알았습니다. 방치해두면 피부가 다 상하여 죽을 수도 있다고 합니다.

자료를 보고 이런 저런 조치를 한 후, 치료약을 사기 위해 수족관 가게에 갔습니다. 과연 백점병 치료약이 있었습니다. 가격을 물어보니 7,500원이라고 합니다. 다소 비싸다는 느낌을 받았지만 샀습니다. 옆에 있던 집사람이 이렇게 말했습니다. "그 돈이면 열대어를 사고도 남겠네!" 순간, "진짜 그렇구나?" 하는 생각이 들었습니다. 따져보니 치료약을 사는 것보다 열대어를 사는 것이 더 합리적이고 경제적이었습니다. 열대어 한 마리에 500원, 7,500원이면 열대어 15마리를 살 수 있습니다. 잠시 망설이다가 그냥 약을 가지고 왔습니다.

왜 그렇게 불합리하고, 비경제적인 일을 했겠습니까. 그것은 열대어에 대한 정 때문입니다. 돌아오면서 성경구절을 하나가 떠올랐습니다. "내가 너를 보배롭고 존귀하게 여기고 너를 사랑하였은즉 내가 사람들을 주어 너를 바꾸며 백성들로 네 생명을 대신하리니"(이사야 43:4).

이것이 우리를 향한 하나님의 마음일 것입니다.

오늘
메뉴는 뭐요 . . . . .

 남편은 아내의 귀가 걱정되었습니다.

남편은 세월을 탓하면서 안타까운 마음으로 병원을 찾아가 의사와 상담을 했습니다. 의사는 남편에게 아내의 증상에 대해서 막연히 귀가 들리지 않는다고 하지말고 구체적으로 어느 정도의 거리에서 어느 정도의 소리를 듣지 못하는지 더 정확하게 파악한 후에 다시 오라고 했습니다. 집으로 돌아가는 남편의 발걸음은 몹시 무거웠습니다. 젊고 아름답던 아내가 이제 나이가 들어 귀까지 먹어가니 아내가 불쌍하기도 하고 안타까웠습니다. 현관에 들어서면서 부엌에서 저녁을 준비하고 있는 아내의 청력을 시험했습니다.

"여보, 오늘 저녁 메뉴는 뭐요?"

아내는 묵묵부답입니다. 좀 더 가까이 거실 중앙에서 다시 말했습니다.

"여보! 오늘 저녁 메뉴는 뭐요?"

역시 아무런 반응이 없었습니다. 아내의 증상이 매우 심각하다고 느낀 남편은 더 비장한 마음으로 마침내 부엌 앞에 섰습니다. 떨리는 목소리로 말했습니다.

"여보! 오늘 메뉴가 뭐요?"

그러자 아내가 얼굴을 획 돌리면서 화를 내며 말했습니다.

"아니, 당신! 내가 김치찌개라고 두 번이나 말했잖아요. 몇 번이나 말해야 알아듣는 거예요."

이렇듯 사람들은 다른 사람들은 볼 줄 알면서, 진정 자기는 볼 줄 모릅니다. 자기 귀가 잘못되었다고 인정하지 않습니다. 이것이 불화의 원인입니다. 사람은 불완전합니다. 어느 누구든지 이것을 인정해야 합니다. 그래야 자기만 옳다고 고집하지 않고 남의 실수를 용납할 수 있습니다.

"어찌하여 형제의 눈 속에 있는 티는 보고 네 눈 속에 있는 들보는 깨닫지 못하느냐"(마태복음 7:3).

비전을
품은 사람 · · · ·

  벽돌공 세 명이 열심히 벽돌을 쌓고 있었습니다.

어떤 사람이 그들에게 다가가서 물었습니다.

"당신은 무엇을 하고 있습니까."

첫 번째 사람이 귀찮다는 듯이 말했습니다.

"나는 지금 벽돌을 쌓고 있습니다. 이 일도 이제 힘들어서 더 이상 못해먹겠습니다."

이어서 두 번째 사람이 불만스럽게 말했습니다.

"나는 하루 몇 만 원의 품삯을 받고 일하고 있습니다. 요즘 은 이렇게 벌어서는 먹고 살기 힘들어요."

세 번째 사람에게 물었습니다. 그는 잠시 하늘을 응시하더니 눈을 지그시 감고 이렇게 대답했습니다.

"나는 이 지역에 큰 영향을 끼치고, 역사에 길이 남을 예배당 짓는 일을 하고 있습니다."

세 사람이 같은 일을 하고 있었지만 그들이 하는 일의 가치는 각각 달랐습니다. 같은 장소에서 같은 일을 하지만 일의 가치를 다르게 만든 것은 무엇일까요.

이들의 차이는 '얼마나 더 멀리 바라보았는가' 입니다. 첫 번째 사람은 눈앞의 것, 즉 지금 현재의 순간만을 바라보는 사람이었습니다. 두 번째 사람은 자신에게 맡겨진 일을 다 마쳤을 때, 주어지는 대가, 품삯을 바라보는 사람이었습니다. 세 번째 사람은 먼저 두 사람보다 더 멀리 바라보는 사람입니다. 장차 그 건물이 완공되었을 때를 바라보는 사람입니다.

세 번째 사람이 품은 것을 가리켜 '비전' 이라고 말합니다. 비전은 먼 곳을 바라보는 눈입니다. 남들이 보지 못하는 것까지 바라보는 안목을 가진 사람이 비전의 사람입니다. 비전은 그 사람의 인생을 더욱 더 가치 있게 더 담대하게, 더욱 아름답게 만듭니다.

지금, 당신은 얼마나 멀리 보고 있습니까.

10원의
비애 · · · · ·

  10원짜리가 100원에게 가서 말했습니다.

"100원아, 나랑 놀자."

100원은 말했습니다.

"집에 가서 발이나 닦고 자라."

10원짜리는 섭섭하고 속상했습니다. 10원짜리는 생각했습니다. '내가 더러워서 쟤가 나를 거부하는구나.'

10원짜리는 그날부터 매일 목욕을 했습니다. 빤질빤질 광나게 몸도 닦았습니다. 다시 100원에게 갔습니다.

"100원아, 나랑 밥이나 먹자."

100원이 말했습니다.

"난 집에 가서 발이나 닦고 잘래."

이 말을 들은 10원짜리는 절망스러웠습니다. 10원짜리는 생각했습니다.

"100원이 나를 거부하는 이유는 내가 더러워서가 아니라 내 숫자를 보고 나를 무시하는 거였구나."

10원짜리는 슬펐습니다. 모든 100원에게 화가 났습니다.

"모든 100원는 상대할 가치가 못 된다."

10원짜리가 슬픔에 잠겨 있을 때 1원짜리가 그에게 와서 말했습니다.

"10원아, 나랑 놀자."

10원짜리는 화가 났습니다.

"안 그래도 기분 나쁜데 한 푼도 안 되는 게 귀찮게 하네."

어떤 사람들은 숫자가 자기 인생의 가치라고 생각합니다. 상대방이 소유한 숫자나, 그의 신체 조건을 보고 사람을 평가한다면 우리도 역시 그러한 판단을 받게 될 것입니다.

어떠한 조건을 가졌던지 간에 예수를 만나면 더 이상 10원짜리 100원짜리를 다투는 인생이 아니라, 예수짜리(?) 인생으로 변하게 될 것입니다.

십자가의
유래 · · · · ·

 로마제국의 사형 방식에서 십자가의 유래를 찾을 수 있습니다.

로마의 웅변가이자 철학자인 키케로(M. T. Cicero)는 십자가 형을 가장 잔인하고 무서운 형벌이라고 했습니다.

십자가형은 본래 '페르시아'에서 만들어졌습니다. 로마의 권력자들은 흉악한 죄수들을 처형할 때, 특히 노예나 이민족들을 죽일 때, 그들을 더욱 수치스럽게 처형하기 위해 이를 도입했습니다. 잔혹한 이 형벌은 로마 시민권을 가진 자에게는 행하지 않았습니다.

이 형벌은 잔인한 채찍질로 시작됩니다. 납이나 쇠 조각, 동물 뼈의 파편을 붙인 채찍은 죄수의 몸을 갈기갈기 찢어 놓기에 충분했습니다. 사형수가 직접 십자가로 쓸 나무를 메고 형장으로 향합니다. 이때 2미터 높이의 세로 기둥은 형장에 미리 세워져 있고, 가로 기둥만 운반한다고 합니다. 사형수의 손과 발뒤꿈치에 못을 박고 양팔은 끈으로 나무에 붙들어 맵니다. 가랑이 부분에는 작은 횡목이 받쳐집니다. 이것은 사형수가 자신의 몸무게로 인해 못 박은 손이 찢겨지고, 몸이 으스러지는 것을 방지하기 위한 것입니다. 이로써 혈액순환이 어려워지고 머리와 심장이 큰 압박을 받으면서 사형수는 아주 서서히 죽어간다고 합니다. 대개는 며칠 동안 견디다 의식을 잃게 되지만 예수님은 몇 시간도 버티지 못한 채 숨을 거뒀다고 기록에 남아있습니다.

참으로 이상한 것은 비참하고 수치스러운 십자가가 기독교의 상징이 된 것입니다. 예수님이 십자가 형틀 위에서 죽은 후 지금까지 수 없이 많은 사람들이 그 십자가를 전하다가 죽었고, 지금도 십자가를 전하는 일에 자신의 인생 전부를 걸고 있습니다.

사탕
한 알의 가치 · · · · ·

해외여행 중에 나도 모르게 움츠리게 되는 곳은 입국 심사대 앞입니다. 특별히 문제될 것이 없음에도 불구하고 긴장되는 것은 입국 심사를 하는 공무원들의 자세 때문입니다.

미국은 강대국이라는 자부심 때문인지 외국인의 입국심사를 마치 범죄자를 다루듯 하는 인상을 받았습니다. 어쩌다 대답이라도 잘못하면 그 자리에서 입국을 거부당하기도 합니다. 영국은 길게 줄 세워 놓고 기다리게 하므로 과거 대영제국의 도도함을 느끼게 합니다. 중국에 들어갈 때는 아직도 공산국가라는 인상이 남아서인지 이유 없이 생트집을 잡을 것 같은 불안감을 느끼기도 합니다.

작은 도시국가인 싱가포르는 국민소득 2만 불이 넘는 선진국이며 아주 엄격한 나라입니다. 한마디로 벌금 천국입니다. 그러나 제가 싱가포르에 대해서 좋은 인상을 갖게 된 것은 입국 심사대 위에 놓인 자그마한 사탕상자 때문입니다. 입국심사를 위해서 다가가면 입국심사 공무원은 먼저 사탕통을 가리키며 사탕을 권합니다. 사소한 것이지만 그것 때문에 긴장감이 저절로 녹아내리고, 나도 모르게 무장해제가 됩니다.

사탕 한 알의 가치를 돈으로 계산하면 얼마가 될까요. 사탕 한 알의 가치는 하찮은 것이지만, 그 안에 값으로 환산할 수 없는 귀한 것을 담아 전할 수 있습니다.

주머니에 사탕을 가지고 다니면서 만나는 아이들에게 나누어주고 싶은 마음이 전부터 있었지만 행하지 못했습니다. 사탕을 나누지는 못하더라도 먼저 마음을 여는 자세를 가졌으면 좋겠습니다.

"사랑은 생명입니다" · · · · ·

 〈캐스트 어웨이〉(Cast Away, 표류)라는 영화가 있습니다. 영화의 대략적인 줄거리는 이렇습니다.

열렬히 사랑하는 두 남녀가 약혼을 하고 결혼 날짜까지 정해 놓았습니다. 그러던 어느 날 남자는 출장을 떠나게 되었는데 그만 비행기가 추락하면서 비행기에 탄 모든 사람이 죽는 사고 가 발생했습니다. 불행 중 다행으로 오직 한 사람, '놀랜드' 라 는 사람이 생존하여 남태평양 어느 무인도에 표류됩니다. 거기 서 그는 물고기를 잡아먹고 과일을 따먹으면서 바위틈에 은신 하면서 4년을 살았습니다.

놀랜드가 4년을 버틸 수 있었던 것은 사랑하는 사람에 대한 그리움과 사랑 때문이었습니다. 사랑하는 사람을 만나야겠다는 일념으로 목숨을 걸고 뗏목을 만들어 바다로 나갔고 마침 지나가는 상선에게 발견되어서 구사일생으로 구출됩니다. 단숨에 고향으로 달려갔습니다. 그리던 약혼녀를 찾아갔지만, 이미 다른 사람과 결혼을 해서 아이까지 낳고 행복하게 살고 있었습니다. 그 나라의 법은 실종되고 1년이 지나면 사망으로 처리하도록 되어 있었습니다. 이미 자신은 죽은 사람으로 되어 있었고 자신의 장례식까지 치러진 것을 알게 됩니다.

참으로 답답하고 괴롭지만 사랑하는 사람, 안정을 얻은 그 사람의 가정을 파괴할 수가 없었습니다. 그는 할 수 없이 고향을 떠납니다. 넓은 광야 앞에서 그만 갈 길을 잃어버리고 방황하는 모습으로 영화는 끝이 납니다.

그가 무인도에서 사랑하는 사람을 생각하며 배고픔과 고독과 싸워 이길 수 있었지만 사랑을 잃어버린 순간 그는 더 이상 소망을 가질 수 없었던 것입니다. 사랑은 생명입니다. 변하지 않는 영원한 사랑은 하나님의 사랑입니다.

"하나님은 사랑이시라"(요한일서 4:16).

시각 장애인의
손에 들린 등불 · · · · ·

 시각 장애인이 친구 집에 놀러 갔다가 밤늦게 돌아
오게 되었습니다.

친구는 앞을 보지 못하는 그에게 등불을 들려주었습니다.
시각 장애인은 화를 벌컥 냈습니다. 앞을 보지 못하는 사람에
게 밤길이 위험하니 등불을 들고 가라는 것이 이해되지 않았
던 것입니다.

"친구라면서 이렇게 나를 조롱할 수 있는가."

친구가 웃으면서 말했습니다.

"자네는 이 불빛을 볼 수 없을지라도 다른 사람들이 이 빛
을 보고 자네를 피해갈 것이 아닌가."

이 말을 들은 그는 오해를 풀고 친구가 준 등불을 들고 무사

히 집으로 돌아갔습니다.

세상에는 사람들의 마음을 밝히는 작은 등불이 필요합니다. 작은 등불이 어두움을 몰아내기에는 작을지라도 그 등불이 필요한 것은 다른 이들에게 용기를 주고 때로는 경각을 불러일으키기 때문입니다.

나의 선행이 작다고 포기하지 마십시오. 이것이 무슨 도움이 되겠느냐고 과소평가하지 마십시오. 다른 이들의 안전을 위하여 불을 밝히십시오.

도박
공화국 · · · · ·

 이 세상은 하나님의 질서 안에서 움직이도록 되어
있습니다.

그것을 무시하거나 깨트리는 것은 정상이 아닙니다. 신앙
도 마찬가지입니다. 상식적인 인생이 가장 신앙적인 인생이
라는 것을 알아야 합니다. 성경에 등장하는 기적은 기적을 바
라보고 살라는 말씀이 아닙니다. 성경에서 기적은 극히 제한
적으로 계시적인 목적을 위하여 사용되고 있습니다. 그 예로
서 예수님께서 돌을 냄비에 삶아 떡으로 만들어 먹지 않았습
니다. 십자가 위에서 초능력으로 손과 발에 박힌 못을 뽑지 않
았습니다.

최근 우리나라에는 온갖 신비주의들이 판을 치고 있습니

다. 한 알만 먹으면 살이 쑥 빠지는 약을 찾는 것은 신비주의입니다. 살을 빼는 것은 먹는 것을 절제하고 운동을 통해서 이루어지는 것이지 약을 먹어서 되는 일이 아닙니다. 또 어떤 보약을 먹으면 단번에 건강해진다고 믿는 것도 일종의 신비주의라는 것을 알아야 합니다. 이런 신비주의만 있는 것이 아닙니다. 대박이라는 신비주의도 있습니다. 노력하지 않고 단번에 큰 돈을 벌려고 하는 것은 신비주의적 사고방식입니다.

청도는 소싸움으로 유명합니다. 얼마 전 뉴스에 의하면 정부에서 법을 만들어서 청도의 민속 소싸움을 경마처럼 돈을 거는 놀이로 허용하겠다는 것입니다.

대한민국은 도박공화국이 되어가고 있습니다. 경마, 경륜, 경정, 그것도 모자라서 정부는 친절하게도 전국 각 지역에서 경마를 즐길 수 있도록 TV 경마장까지 건립하고 있습니다. 이름도 생소한 많은 복권들도 등장했습니다.

위정자들에게는 바른 가치관이 있어야 합니다.

경제 제일주의를 경계해야 합니다.

"그는 이미 보았습니다" · · · · ·

어린이들의 꿈의 동산, "디즈니랜드"가 있습니다. 이 디즈니랜드와는 비교가 안 될 정도로 광대한 규모의 "디즈니월드"라는 놀이동산이 있습니다. 이 세계적인 놀이동산은 미키 마우스로 유명한 세계적인 만화영화 제작자인 월트 디즈니가 건설한 것입니다. 1955년 캘리포니아 주(州) 로스앤젤레스 교외에서 40킬로미터 떨어진 애너하임에 디즈니랜드를 만들었습니다. 그후 디즈니는 거기에 만족하지 않고 로스앤젤레스에 있는 것보다 더 방대한 규모의 놀이동산을 플로리다 주에 건설하기로 계획하였습니다. 그것이 플로리다 주 올랜도에 있는 디즈니월드입니다. 디즈니월드를 다 돌아보려면 일주일 이상이 걸리며, 그 넓이는 샌프란시스코

보다 더 넓다고 합니다. 본래 그곳은 쓸모없는 버려진 땅으로 악어들이 득실거리는 늪지대였습니다.

디즈니월드를 건설하는 과정에 이런 일화가 있습니다. 월트 디즈니가 의욕적으로 일을 추진하다가 완공을 보지 못하고 갑작스럽게 죽고 말았습니다. 마침내 시설이 완공되어 개장식을 하는 자리에서 그날 축사를 맡은 사람이 이렇게 말했습니다.

"디즈니가 오늘 우리와 함께 이 자리에 있었다면 얼마나 좋았을까요. 이제는 고인이 되어 이것을 보지 못하는 것이 아쉬울 따름입니다." 그러자 디즈니의 절친한 친구였던 어떤 사람이 말했습니다.

"디즈니가 이곳을 보았다면 얼마나 좋았을까 라는 말은 틀린 말입니다. 그는 이미 오늘의 이곳을 보았습니다. 그가 보았기에 우리가 여기에 있을 수 있는 것입니다."

월트 디즈니는 꿈을 꾸는 사람이었고 그 꿈이 있었기에 디즈니월드가 현실화될 수 있었습니다. 이처럼 꿈은 꿈을 꾸는 사람이 성취할 수 있습니다.

감사는 하나님께
지불해야 할 사용료 · · · · ·

 민수기 11장에는 이스라엘 민족이 모세와 하나님
을 원망하다가 심판을 당하는 장면이 나옵니다. 그
들의 불평의 이유는 '만나' 였습니다.

'만나' 는 이스라엘 민족이 이집트에서 해방되어 가나안에
들어가기까지 40년간 광야에서 먹었던 기적의 양식입니다.
아침에 자고 일어나면 사면에 이슬과 함께 하얗게 버섯처럼
피어올라 있었습니다. 처음에는 신기하기도 하고 놀라워했을
것입니다. 생전 처음 보던 이상한 양식을 먹으면서 감격의 눈
물을 흘렸을 것입니다. 시간이 지나면서 그것은 당연한 것이
되었습니다. 종국에 그들은 하늘 양식 만나를 불평하기 시작
합니다. '만나' 로만 만족할 수 없었던 것입니다.

오늘날 우리의 삶 속에도 '만나'와 같은 것들이 많이 있습니다. 매일같이 공급될 뿐 아니라 없으면 잠시도 살 수 없는 소중한 것들이 있습니다. 예를 들면 맑은 공기와 물, 따뜻한 햇볕과 같은 것들 입니다. 우리 몸을 생각해보면 더욱 더 그렇습니다. 우리 심장은 하루에 10만 3689번을 뛰고 있습니다. 몸 속의 혈액은 놀랍게도 하루에 1억 6800만 마일을 달립니다. 우리는 하루에 무려 2만 3040번이나 숨을 쉽니다. 아무런 수고를 하지 않아도 심장과 폐는 그렇게 열심히 움직이고 있습니다. 우리는 수십 년간 어떤 사용료나 임대료도 지불하지 않고 그 값진 것들을 사용하고 있습니다. 다만 하나님이 바라시는 것은 그 몸의 주인이 하나님이심을 아는 것과 감사로 반응하는 것입니다.

감사는 인생의 주인이신 조물주 하나님께 당연히 지불해야 할 모든 것의 사용료이자 임대료입니다.

5-3=2,
2+2=4의 법칙 · · · · ·

 누구나 행복한 가정을 꿈꿉니다.

하지만 행복한 가정은 저절로 주어지는 것이 아닙니다.

어느 가정을 방문했을 때 아름답게 가꾸어진 작은 정원을 보았습니다. 그 정원을 보면서 그것을 가꾸기 위해서 노력한 사람의 수고를 생각하게 됩니다. 가정도 마찬가지입니다. 행복한 가정은 돈으로 살 수 없습니다. 가족 모두가 노력한 산물입니다. 행복한 가정을 만드는 노력으로서 532, 224법칙을 생각해봅니다. 살다가 보면 오해(5)할 일이 생깁니다. 세 번(3) 고쳐 생각하면 이해(2)하게 됩니다. 그리고 이해(2)를 두 번(2)하면 사랑(4)하는 마음이 생기게 됩니다. 우리가 서로 오해하고 사랑하지 못하는 것은 자기를 보기보다는 다른 사람만 보기 때문입니다. 모든 것을 자기 중심으로 생각하기 때문입니다.

어떤 집은 싸움소리만 가득하고, 또 어떤 집은 웃음소리가 그칠 날이 없었습니다. 싸움소리만 나는 집 남자가 웃음소리 집 남자에게 비결을 물었습니다.

"우리 집에는 모두 나쁜 사람들만 살아서 그렇습니다. 가령 내가 방 한가운데 놓여있던 물그릇을 모르고 엎지르면 제 아내는 '제가 그곳에 물그릇을 놓아두어서 그렇게 되었으니 제 탓이에요' 라고 합니다. 나는 '내가 부주의해서 그랬으니 내 탓이요' 하면, 우리 어머니는 '아니다. 나이 살 먹은 내가 보고도 치우지 못했으니 내 탓이다' 하십니다. 모두가 자진해서 자기 잘못이라고 하니 싸움을 하고 싶어도 할 수가 없답니다."

의인이 많으면 이상하게도 분쟁이 생깁니다. 반대로 죄인이 많으면 평화로워집니다. 사회도, 교회도 마찬가지입니다. 참으로 이상한 일입니다.

현재(present)는
하나님이 주신 선물(present) · · · · ·

매일 당신에게 86,400원을 입금해주는 은행이 있다고 상상해 보십시오. 그러나 그 계좌는 당일이 지나면 잔액이 사라져버립니다. 당신이라면 어떻게 하겠습니까? 당연히 그날 모두 인출해야죠.

시간은 우리에게 마치 이런 은행과도 같습니다. 매일 아침, 86,400초를 우리는 부여받고, 매일 밤 우리가 좋은 목적으로 사용하지 못하고 버려진 시간은 그냥 사라져버립니다. 더 많이 사용할 수도 없습니다. 매일 아침, 은행은 당신에게 새로운 돈을 넣어줍니다. 매일 밤, 그날의 남은 돈은 남김없이 불살라집니다. 돌아갈 수도 없고, 내일로 연장시킬 수도 없습니다. 오늘 현재의 잔고를 갖고 살아갈 뿐입니다. 자신의 사명과 행복과 섬김을 위해 최대한 사용할 수 있을 만큼 뽑아 쓰십시오! 지나가는 시간 속에서, 최선을 다해 하루를 보내야 합니다.

일 년의 소중함을 알고 싶다면, 기말 시험에 낙제한 학생에게 물어보십시오. 한 달의 소중함을 알고 싶다면, 조숙아를 낳은 산모에게 물어 보십시오. 하루의 소중함을 알고 싶다면, 자식이 열 명 딸린 날품 파는 사람에게 물어 보십시오. 한 시간의 소중함을 알고 싶다면, 결혼식을 기다리는 신랑, 신부에게 물어 보십시오. 일 분의 소중함을 알고 싶다면, 기차 시간을 놓친 승객에게 물어 보십시오. 일 초의 소중함을 알고 싶다면, 사고에서 구사일생으로 살아남은 생존자에게 물어 보십시오. 0.001초의 소중함을 알고 싶다면, 올림픽 육상 100미터 경주에서 은메달을 딴 선수에게 물어 보십시오.

당신의 모든 순간을 소중히 여기십시오. 어제는 지나간 역사이며, 미래는 알 수 없습니다. 오늘이야말로 당신에게 주어진 선물이며, 우리는 현재(present)를 선물(present)이라고 부릅니다.

하얀 꽃
한 다발 · · · · ·

집안과 자신을 제대로 돌보지 않는 사람이 있었습니다.

어느 날 그는 아름다운 하얀 꽃 한 다발을 선물 받았습니다. 막상 그 꽃을 꽃병에 꽂으려고 하니 꽃병이 더러웠습니다. 꽃병을 깨끗이 닦았습니다. 꽃병이 놓인 책상이 더러운 것 같아 책상도 닦았습니다. 어지러운 방안까지 말끔히 치운 후 그는 자신의 몸도 깨끗이 하고 몸가짐도 바로 하게 되었습니다. 드디어 마음까지 상쾌해졌습니다. 그 후 그 사람의 생활태도는 변화되었습니다.

사람을 변화시키는 것은 질책과 꾸중이 아니라 따뜻한 마음입니다. 채찍이 아니라 한 송이의 꽃입니다. 날카롭게 꾸짖는 열 마디 말보다도 한마디의 칭찬이 사람을 변화시킵니다. 혹 마음에 들지 않는 일이 있거나 그런 사람이 있으면 마음에 결심을 하고 칭찬해 보십시오. 한 번해서 안되면 두 번, 세 번 반복하십시오. 분명히 그는 변화될 것입니다.

어려서부터 사랑과 칭찬과 격려 속에서 자란 사람은 따뜻한 사람이 될 것입니다. 반대로 불신과 억압과 질책 속에 성장한 아이는 남을 사랑하지 못하며, 의심하고, 매사에 부정적인 사람이 될 것입니다. 오늘 그 사람의 모습은 그의 과거를 보여주는 거울이기 때문입니다.

사람은 때로 아주 작은 일로 삶의 태도가 변합니다. 당신이 가진 하얀 꽃 한 다발을 망설이지 말고 전해보십시오. 타인의 삶을 변화시키는 것은 당신이 쏟는 작은 마음에서 시작됩니다.

하나의
소중함 · · · · ·

어떤 판사가 거대한 범죄의 파도와 싸우고 있었습니다.

범죄한 청소년들이 한 명, 한 명 판사 앞으로 끌려왔는데 그들 모두가 한 동네 출신이었습니다. 범죄 행위가 끝없이 계속되고 있는 사실에 아연실색한 판사는 한 어린 피고에게 물었습니다.

"어디에서 이런 일을 배웠니."

"라코가 가르쳐 주었어요."

다음 재판에서도 판사는 피고에게 그 질문을 했습니다.

"누가 도둑질을 가르쳐 주었지."

"라코입니다."

이후 3일 동안, 판사는 흉악한 라코라는 자에게 범죄기술을 배운 청소년 범법자들을 무려 33명이나 만났습니다. 판사는 모든 범죄의 배후에 라코라는 사람이 있음을 알고 그를 찾아 재판정에 세웠습니다. 라코에게 말했습니다.

"당신이 타락시킨 청소년들이 지금 감옥에 가득 차 있소. 어떻게 그런 일을 할 수 있소."

라코라는 청년이 대답했습니다.

"에디가 가르쳐 주었습니다."

결국 수많은 범죄 청소년의 배후에는 단 한 사람의 범죄자가 있었던 것입니다.

이 범죄사건을 통해서 한 사람이 미치는 영향력이 대단하다는 것을 알 수 있습니다. 한 사람이 타락하면 그로 인해서 타락의 연쇄작용이 일어나며, 반대로 한 사람이 바로 서면 그로 인해 수많은 사람이 바로서는 일이 일어납니다. 많은 사람이 아니라 한 사람을 진심으로 사랑하고자 노력하십시오. 그때 하나는 백이 될 수도 있고 천이 될 수 있습니다.

"그 작은 자가 천을 이루겠고 그 약한 자가 강국을 이룰 것이라 때가 되면 나 여호와가 속히 이루리라"(이사야 60:22).

포장지와
크리스마스 · · · · ·

제임스 백스터는 크리스마스 때마다 사람들이 자기 회사의 상품을 찢어서 버리는 것을 바라봅니다. 독창적인 도안과 정성들인 제작과정에 사용된 많은 시간들이 순식간에 사라집니다. 그러나 미국에서 가장 큰 선물 포장지 제작회사의 사장인 백스터는 실망하지 않습니다. 그는 "우리가 원치 않는 일은 우리 상품이 집안 벽장 속에 그대로 놓여 있는 것입니다."라고 말했습니다.

포장지의 목적은 내용물의 가치를 돋보이게 하는 것입니다. 사람들은 포장지를 보고 감탄하기도 하고, 그 내용물의 가치를 짐작하기도 하지만, 포장지를 소중하게 다루지는 않습니다. 그 내용물에 대한 가치를 돋보이게 하는 것, 그 속에 담긴 것의 가치를 손상하지 않는 것이 포장지의 역할입니다.

오늘날의 크리스마스를 생각해봅니다. 포장지는 얼마나 화려한지 모릅니다. 한 달 전부터 거리에는 온통 크리스마스 분위기를 느낄 수 있는 화려한 장식과 음악들이 울려 퍼집니다. 성탄 트리, 산타 할아버지, 캐럴 등은 다 구비되어 있는데 정작 가장 중요한 것은 빠져 있습니다. 마치 화려한 선물 포장을 설레는 마음으로 뜯었는데 그 속이 텅 비어있는 것과 같습니다.

크리스마스는 예수님의 생일을 축하하는 명절입니다. 포장은 얼마나 화려합니까. 하지만 그 내용물은 어디 갔습니까. 포장이 화려한 만큼 그 안을 귀하고 값진 것으로 채우십시오.

포장은 찢어지더라도 그 안에 소중한 예수님의 사랑이 드러나도록 하십시오. 여러분은 크리스마스 포장지 안에 무엇을 채우시겠습니까.

감자를 맛있게
먹는 방법 · · · · ·

 어떤 신혼부부의 이야기입니다.

하루는 부인이 감자를 삶아 내왔습니다. 남편이 물었습니다.

"왜 초장은 없는 거야."

아내가 말했습니다.

"감자는 본래 소금에 찍어 먹는 거예요."

그러자 남편이 "우리집은 초장에 찍어 먹었는데, 감자는 초장에 찍어야 제 맛이지. 어떻게 소금하고 먹어."

이에 아내가 뒤지지 않고 "무슨 말을 하는 거예요. 감자는 본래 소금에 찍어 먹는 것예요. 별난 사람 다 봤네."

결국 상대방의 집안에 대한 비난으로 이어졌습니다.

"그러니까 장인과 처남이 소금처럼 짠 모양이구나!"

"시집 식구들은 고추장처럼 맵고 독하군요!"

싸움은 점점 확대되어 마침내 두 사람은 더 이상 못 살겠다고 이혼하기로 했습니다. 법원에 갔습니다.

판사가 물었습니다.

"왜 이혼을 하려고 합니까."

남편이 말합니다.

"이 여자는 감자를 소금에 찍어 먹습니다. 감자는 초장에 찍어 먹는 것 아닙니까."

아내가 말합니다.

"무슨 감자를 초장에 찍어 먹습니까. 소금에 찍어야지. 그렇지 않습니까. 판사님?"

그때 판사가 대답했습니다.

"저는 설탕에 찍어 먹는데요."

다른 것은 틀린 것이 아닙니다. 서로를 인정해야 합니다. 나만 옳다고 고집하는 사람의 마음에는 평화가 없습니다.

사랑은 한쪽 눈을
감는 것 · · · · ·

사람이 사랑 받는 것은 매우 중요합니다.

왜냐하면 사랑을 받아본 사람이 사랑할 줄 알기 때문입니다. 용서를 받아본 사람이 남을 용서하고 이해하고 용납할 수 있습니다. 반대로 사랑 받지 못한 사람, 용서의 감격을 느껴보지 못한 사람은 사랑할 줄도 남을 용서할 줄도 모릅니다. 이런 사람은 인색하고 옹졸하고 부정적인 사람이 될 것입니다.

사람을 대할 때, 혹은 자녀를 양육할 때 한쪽 눈을 감을 필요가 있습니다. 때로는 보아도 못 본 척, 알아도 모르는 척하는 것이 지혜입니다. 자녀를 감시하고 속박한다고 좋은 사람이 되는 것은 아닙니다. 자녀들이 부모를 속이려고 마음먹으면 속지 않을 부모는 아무도 없습니다.

누군가에게 은혜를 입었다고 생각해 보십시오. 그것이 그 사람의 인생을 바꾸어 놓을 수 있습니다.

우리가 잘 아는 만화가 이현세 씨는 어릴 때부터 그림 그리기를 좋아했습니다. 한번은 수업시간에 그림을 그리다가 선생님에게 들켰는데, 선생님은 꾸중대신, "너는 그림에 참 소질이 있구나, 앞으로 훌륭한 화가가 되겠구나." 하시면서 그림을 게시판에 붙여주었습니다. 선생님의 작은 칭찬이 그를 대한민국 최고의 만화가로 만들었습니다.

사랑이 사람을 변화시킵니다. 사랑은 한쪽 눈을 감고 상대방을 바라보는 것입니다.

하나님의
때 · · · · ·

발명왕 에디슨은 수없이 많은 실패를 겪었습니다.

어느 날 한 신문 기자가 에디슨을 찾아왔습니다. 당시 에디슨은 축전지 제조 과정을 연구하고 있었는데, 그것을 잘 알고 있는 기자가 에디슨에게 물었습니다.

"축전지를 제조할 때 납 대신 다른 물질을 이용하면 안 될까요."

"나는 그 대체 물질을 찾느라 약 2만 번이나 실험을 했습니다."

2만 번이라는 숫자에 기자는 매우 놀랐습니다.

"2만 번이나 실험하면서 아무것도 발견하지 못하셨다니 실망이 매우 컸겠군요. 모든 노력이 헛되었으니 말입니다."

그러자 에디슨은 기자의 말에 정색하며 대꾸했습니다.

"헛되다니요, 천만에요. 나는 2만 번의 실험에 실패한 것을 통해서 그 2만 개의 방법이 축전지의 제조 과정에서 부적합함을 발견했죠. 그것만으로도 나는 성공한 셈이죠. 언젠가는 그 물질이 발견되지 않겠습니까."

우리는 너무 조급합니다. 오늘 하루를 지나는 동안이라도, 조금만 더 생각하고, 조금 더 기다리고, 양보하는 마음으로 살아보십시오.

인생의 긴 여정에는 반드시 하나님의 때가 있습니다. 실패와 고난 중에서도 인내하십시오. 하나님은 당신의 행복을 원하십니다.

복된
임종 · · · · ·

단순히 오래 사는 것은 복(福)이 아닙니다.

건강하게 자신의 할 일을 하다가 죽음을 맞이하는 것이 복입니다. 저는 연세 드신 분을 위하여 기도할 때 하나님 부르시는 그날까지 새벽 기도할 수 있는 복을 주시기를 구합니다. 모세는 임종할 때 기력이 쇠하지 않았고 그 눈이 흐리지 않았다고 했습니다(신명기 34:7).

중국 여행 중에 어느 전도사님을 만났습니다. 그에게는 칠순의 노모가 있습니다. 노모는 제가 방문할 때마다 노구를 이끌고 말없이 구석에서 기도하시던 분입니다. 그런데 얼마 전 이분이 돌아가셨습니다. 그분의 죽음은 너무나 신기했고, 또 그분은 죽음을 통해서 많은 사람들에게 하나님의 살아 계심을 보여주었습니다.

갑자기 쓰러지셨는데 상태가 그리 위중하지는 않았습니다. 4일을 누워 계시다가 자신은 주일날 아침에 예배를 드리고 하나님께로 가겠다고 말했습니다. 주일 아침이 되었습니다. 평소대로 새벽 3시에 일어나 옆에서 자던 아들을 깨워서 예배를 드리자고 했습니다. 온 자녀들이 함께 둘러앉아 예배를 드린 후, 그 자리에서 잠을 자듯 하나님의 부르심을 받았다고 합니다. 제가 아들에게 물었습니다.

"어머니께서 주일날 하나님께 갈 것이라고 할 때, 그 말을 믿었습니까."

아들은 어머니께서 평소에 기도하던 분이시기에 그 말을 확실히 믿고 송별예배를 준비했다고 합니다. 그분은 자신의 죽음을 준비하였고, 준비된 가운데 죽음을 맞이하였습니다.

참으로 아름답고 멋진 임종입니다. 본래 죽음이란 어느 날 갑자기 도적같이 찾아오는 것이지만, 감히 하나님 앞에 바라기는 이런 죽음을 맞이 할 수 있도록 기도하고 싶습니다.

인생의 역풍을
없애 달라고 기도하기보다는,
그 역풍을 타는
지혜를 가르쳐 달라고
기도해야 합니다.

감자를 맛있게
먹는 방법

2

바이올린과
연주자

바이올린과
연주자 · · · · ·

템스 강변에서 한 거지 노인이 낡은 바이올린을 연주하고 있었습니다. 하지만 그 어느 누구도 노인에게 관심을 주지 않았습니다. 그때 어떤 외국인이 그를 측은히 바라보며 말했습니다.

"지금 제게 돈은 없습니다. 저도 바이올린을 좀 다룰 줄 아는데 대신 몇 곡만 연주해 드리면 안 되겠습니까."

거지 노인은 바이올린을 건네주었습니다.

그가 활을 당기자 놀랍도록 아름다운 선율이 흘러 나왔습니다. 그 소리를 듣고 많은 사람들이 모여들었습니다. 거지 노인의 모자에는 순식간에 돈이 쌓이게 되었습니다. 연주가 끝나자 사람들이 뜨거운 박수를 쳤습니다. 그때 누군가가 외쳤습니다.

"저 사람은 바로 파가니니다!"

파가니니(Nicolo Paganini, 19세기 최대의 바이올리니스트 겸 작곡가)는 바이올린의 명연주자로서 런던에 연수차 왔다가 산책하던 길이었습니다.

낡은 바이올린이지만 누구의 손에 의해 연주되느냐에 따라서 그 소리는 판이하게 달랐던 것입니다. 우리의 삶도 악기와 같습니다. 내 손으로 내 인생을 연주하려고 들지 말고 창조자의 손에 맡기십시오. 그러면 내 인생의 멜로디는 지극히 아름다울 것입니다.

어떤 사람들은 이것을 자유의 상실이라고 하지만 진정한 자유를 얻는 순간입니다. 사람들은 창조주를 인정하고 그분에게 삶을 맡기는 것은 마치 그분의 노예가 되는 것처럼 생각하지만 그것은 그분의 자녀라는 놀라운 신분을 얻어 누리는 순간이 될 것입니다.

창조주에게 당신의 인생을 의탁하십시오. 그분을 인생의 주인으로 고백하시는 게 행복으로 나가는 유일한 길입니다.

역풍을 타는
지혜 ....

그리스 철학자 소크라테스를 잘 아실 것입니다. 소크라테스의 부인, 크산티페는 악처였습니다.

사람들이 그에게 그런 아내와 어떻게 사느냐고 물었을 때 이렇게 말했습니다.

"내가 아내를 가진 것은 하나님의 축복입니다. 당신이 좋은 아내를 만났다면 그것은 하나님의 갑절의 축복입니다."

사람들이 다시 물었습니다.

"당신은 불행하게도 나쁜 아내를 만났습니다. 어떻게 생각합니까."

이에 소크라테스는 "그것은 하나님의 삼중 축복이요. 그래서 내가 철학자가 되었소."라고 말했습니다.

감리교 창시자인 요한 웨슬리는 훌륭한 설교자입니다. 그의 설교를 통해서 많은 사람들이 감동을 받고 회심하는 일들이 일어났습니다. 웨슬리가 사람들 앞에서 설교할 때마다, 뒷자리에서 "저 사람은 거짓말쟁이요. 저 사람의 말을 믿지 마시요."라며 욕하는 사람이 있었습니다. 그 사람은 바로 그의 아내였습니다. 그럴 때마다 그는 "하나님은 세상을 사랑하십니다. 모든 사람을 사랑하십니다. 당신도 사랑합니다."라고 태연히 말했다고 합니다.

살아가면서 문제는 항상 있습니다. 아무런 고민과 갈등이 없는 곳이 있다면, 공동묘지일 것입니다. 중요한 것은 인생의 역경을 어떻게 관리하는가 입니다.

인생의 역풍을 없애 달라고 기도하기보다는, 그 역풍을 타는 지혜를 가르쳐 달라고 기도해야 합니다.

"큰 물결 일어나 나 쉬지 못하나 이 풍랑 인연하여서 더 빨리 갑니다"(찬송가 373장).

쇠돌이와
김 서방 ·····

 어느 동네에 가문을 자랑하는 두 양반이 살았습니다.

어느 날 이 둘은 함께 장터에 있는 정육점에 갔습니다.

그 중 한 양반이 먼저 "이봐, 쇠돌이 쇠고기 한 근 주게." 하자. 정육점 주인이 쇠고기 한 근을 싹둑 베어 봉지에 담아 주었습니다.

이어서 다른 한 양반도 "여보게 김 서방, 나도 쇠고기 한 근을 주시게나."라고 말했습니다. 그런데 쇠고기 한 근의 부피가 달랐습니다. 먼저 쇠고기를 산 양반이 "아니 똑같이 쇠고기 한 근을 주문했는데 크기가 다르잖아." 하면서 따졌습니다.

그때 정육점 주인이 말했습니다. "처음 쇠고기는 '쇠돌이'

란 자가 베어서 작고, 다음은 '김 서방'이라는 사람이 베어서 큰가봅니다."

이처럼 말에는 대단한 위력이 있습니다. "말 한마디에 천 냥 빚을 갚는다."는 속담이 있고, 서양속담에는 "칼에 베인 상처는 때가 되면 아물지만 말에 베인 상처는 영원히 아물지 않는다." 라는 말이 있습니다. 말에는 단순히 쇠고기의 양을 좌우하는 정도가 아니라 사람을 살릴 수도 있고 죽일 수도 있는 힘이 있습니다.

말을 아무 생각 없이 사용할 때가 많습니다. 내가 어떤 말을 어떻게 하느냐에 따라서 듣는 사람의 마음을 기쁘게도 할 수 있고, 깊은 상처를 줄 수도 있음을 기억해야 합니다. 하나님께서 말할 수 있는 능력을 허락하신 것은 서로 위로하고 격려하며 섬기라는 뜻입니다. 말은 사람의 인격입니다.

"우리가 실수가 많으니 만일 말에 실수가 없는 자면 곧 온전한 사람이라"(야고보서 3:2).

역경은 성공으로
가는 디딤돌 . . . . .

 누구나 잘 알고 있듯이 많은 사람들에게 사랑과 존경을 받아온 아르투로 토스카니니(Arturo Toscannini, 1867~1957)는 이탈리아의 명성 있는 지휘자입니다. 본래 그는 무명의 첼로 연주자였습니다. 게다가 악보를 제대로 볼 수 없을 정도로 지독한 근시였습니다. 다른 단원들은 악보를 보면서 연주를 하는데 시력이 나빴던 그는 연주 때마다 악보를 모두 외워야만 했습니다.

어느 날 연주회를 앞두고 그 악단의 지휘자가 갑자기 병원에 입원하게 되었습니다. 단원들 중에 누군가가 대신 지휘를 해야 했습니다. 그때 대신 지휘를 할 수 있었던 사람은 악보를 모두 외우고 있던 토스카니니 뿐이었습니다. 이 일이 계기가 되어 그는 세계적 지휘자의 길을 걷게 되었습니다.

사람이 고통을 당한다는 것은 어렵고 괴로운 일임에 틀림이 없습니다. 그러나 고통은 더 큰 능력을 담을 수 있는 그릇이 됩니다. 그는 이런 말을 했습니다.

"어려울 때 힘이 되신 하나님께 감사하노라. 좋은 환경이 아니라고 불평하지 말자. 좋은 환경만이 좋은 결과를 가져오지 않는다. 아담은 에덴동산과 같은 좋은 환경에서도 타락했지 않았는가. 눈물에 대해서도 감사드리자. 하나님께서는 우리가 어려울 때일수록 우리에게 가까이 오셔서 우리를 보호해주시고 힘이 되어 주신다."

우리의 단점이나 역경은 더 좋은 삶으로 나아가는 디딤돌이 됩니다.

강도와
신경통 . . . . .

오 헨리(Henry O, 1862~1910)의 단편 중에 〈강도와
신경통〉이라는 소설이 있습니다.

강도가 한밤중에 어느 집에 권총을 들고 들어갔습니다. 잠
자는 주인을 깨우며 "손들어!' 하였습니다. 잠결에 일어난 주
인은 벌벌 떨면서 왼손을 겨우 들었습니다. 강도는 "오른손마
저 들어." 그래도 집주인은 왼손만 조금 더 높이 들 뿐입니다.
강도는 또 다시 "오른손마저 들라고 했잖아." 하며 고함을 지
릅니다. 그때 집주인은 겁에 질려 떨면서 "미안하지만 오른손
은 신경통 때문에 들 수가 없습니다."라고 말했습니다. 신경
통이라는 말을 들은 강도는 갑자기 태도를 누그러뜨리면서
"신경통, 제기랄. 나도 그놈의 신경통 때문에 이 짓을 하는 것

아니겠소." 하는 것입니다.

그 강도 역시 오른손이 신경통으로 마비되어 정상적인 일을 할 수 없었기 때문에 강도가 되었던 것입니다. 같은 아픔을 안고 있던 강도는 순간 자신의 본업을 잊고 신경통 이야기를 꺼냅니다. 주인도 공포와 두려움을 잊고 어떻게 신경통을 치료하느냐, 무슨 약을 써 보았느냐 등 이런저런 이야기를 나누느라 밤을 지새우고 새벽녘에는 멋쩍게 헤어졌다고 합니다.

조금 과장되기는 하지만 사람은 상대방에게서 공통점을 발견할 때 경계를 풀고 마음을 열게 된다는 이야기입니다. 당신이 누군가와 대화하기를 원한다면 상대방에게 귀를 기울여 보십시오. 그와 당신의 공통점을 찾아보십시오. 마음이 열리고, 막힌 대화가 통하게 될 것입니다.

거래를
멈추시오 · · · · ·

두 사람이 항해하다가 표류하게 되었습니다.

망망대해에서 조각배를 타고 구조의 손길을 기다리다가 지친 한 사람이 궁여지책으로 하나님께 기도를 시작했습니다.

"하나님! 이 바다에서 저를 구해주신다면 제가 가진 재산의 10분의 1을 하나님께 드리겠습니다."

아무리 기다려도 구조의 손길은 나타나지 않았습니다. 다시 기도했습니다.

"하나님, 이 바다에서 저를 구해주신다면 제가 가진 재산에의 4분의 1을 하나님께 드리겠습니다."

도움의 손길은 나타나지 않았습니다. 기다리다가 지쳐 다시 기도했습니다.

"하나님, 제발 살려주십시오. 살려만 주신다면 제가 가진 재산의 절반을 하나님께 드리겠습니다."

그래도 하나님의 기적은 일어나지 않았습니다.

다급해진 남자는 굳게 결심을 하고 기도했습니다.

"하나님, 만일 지금 저를 살려주신다면 제 모든 재산을 다 하나님께…"

바로 그 순간, 옆에 있던 사람이 그의 말을 가로막으며 외쳤습니다.

"잠깐! 거래를 멈추시오. 저기 육지가 보입니다."

기도는 거래가 아닙니다. 기도는 유한한 존재인 인간이 무한하신 창조주 하나님께 가져야 할 당연한 자세입니다. 하나님께 기도한다는 것은 하나님을 믿는 믿음의 고백을 드리는 것입니다. "나는 하나님 당신이 없이는 살 수 없습니다. 아무것도 할 수 없습니다"라는 고백입니다.

"너는 내게 부르짖으라 내가 네게 응답하겠고 네가 알지 못하는 크고 비밀한 일을 네게 보이리라"(예레미야 33:3).

돈이 보낸
편지 · · · · ·

"당신은 언제나 나를 움켜쥐고는 당신의 것이라고 말합니다. 따지고 보면, 당신이 나의 것이지요. 나는 아주 쉽게 당신을 지배할 수 있어요. 우선, 당신은 나를 얻기 위해서라면 죽는 것 말고는 무엇이든지 하려고 합니다. 사람들은 나 때문에 서로의 인격을 무시하기도 하고, 사랑하기도 하고, 싸우기도 합니다. 순전히 나 때문에 말이죠. 사람들에게 욕망이 없다면 난 어쩌면 쓸모 없는 존재일지도 모릅니다. 사실 나의 힘은 무한합니다. 부디 나의 노예가 되지 않도록 조심스럽고 현명하게 나를 다루어 주십시오."

이상은, 이의용 씨가 쓴 〈돈이 보낸 편지〉라는 글입니다.

현대인들에게 돈은 신(神)과 같은 존재입니다. 사람들이 쉽게 돈의 노예가 되는 것은 돈의 용도를 오해하기 때문입니다.

동생 아벨을 죽인 가인은 하나님 앞에서 쫓겨나서 거처를 정한 곳이 에덴동산의 동편, '놋'(Nod)이라는 땅입니다. 가인이 에덴의 동편에서 제일 먼저 시작한 일이 성(城)을 쌓는 것입니다. 자신이 동생을 시기해서 죽였던 것처럼 다른 사람도 자신에게 그러하리라고 생각하는 것은 당연한 것입니다.

오늘날도 사람들은 성(城)을 쌓습니다. 돌이나 벽돌로 성을 쌓는 것이 아니라 돈으로, 권력으로, 지식으로 자신을 보호하기 위한 성을 쌓습니다. 통장에 잔고가 넉넉해야 마음이 든든해지고 어깨에 힘이 들어가고, 어디가도 기죽지 않는다고 말합니다.

그러나 사람이 쌓는 성은 나를 지키는 것이 아니라 나를 가두는 감옥이 될 수 있습니다. 가인은 성을 쌓았지만, 그 후손은 그 성안에 갇히는 인생을 살았음을 볼 수 있습니다.

돈은 나를 보호하고 지키는 성이 아니라, 선한 삶을 살기 위한 선한 도구가 되어야 합니다. 돈이 보낸 경고의 편지를 기억해야 합니다.

낙심
죄 · · · · ·

보어 전쟁(Boer War 1899-1902년, 영국과 남아프리카의 네덜란드 이주민과의 전쟁) 때 어떤 병사는 아주 드문 죄명으로 기소되었습니다. 그의 죄명은 '낙심 죄'였습니다. '레이디스미스'라는 남아프리카의 작은 마을이 영국의 침공을 받았을 때 이 사람은 도시를 방어중인 병사들의 대열을 돌아다니며 온갖 부정적인 정보와 불평과 원망을 늘어놓았습니다. 그는 적들의 힘이 얼마나 큰지, 또 그들의 공격을 막는다는 것이 얼마나 어려운지, 지금까지 영국군이 얼마나 많은 나라들을 점령하고 전과를 올렸는지를 말하면서 그 마을이 함락될 수밖에 없는 이유들을 말하면서 돌아다녔습니다.

그는 총 하나 사용하지 않고 그 도시를 공격했습니다. 그의 말은 총보다 더 강력한 위력을 가진 무기였습니다. 사람을 낙심시키는 것보다 더 좋은 무기가 없기 때문입니다.

자그마한 비누공장을 운영하던 한 중년 남성이 있었습니다. 한번은 비누를 생산하는 과정에서 직공이 비누 기계를 너무 오래 가동시키는 바람에 상품으로 팔 수 없는 이상한 비누가 만들어졌습니다. 너무 가벼워서 물에 둥둥 뜨는 것입니다. 손실이 컸습니다. 사장은 그 엉터리 비누를 들고 생각에 잠겼습니다. 어떻게 해야 하나 기도하던 그에게 한 가지 묘안이 떠올랐습니다.

"그래 목욕탕에서는 가라앉는 비누보다는 물에 뜨는 비누가 훨씬 좋다. 이것을 그대로 판매해 보자."

사장은 비누의 이름을 '아이보리'(Ivory, 상아)라고 지어 시장에 내놓았습니다. 이 비누는 선풍적인 인기를 끌었고 그는 거부가 되었습니다. 이 사람의 이름은 '할레이 프록터' 프록터 갬블 비누회사의 설립자입니다.

부정적인 말과 낙심은 사람을 망하게 하는 무기이지만, 긍정적인 말과 희망은 사람을 살리는 무기입니다. 우리가 낙심하지 않는다면 반드시 길은 있습니다.

방금 자네는
베토벤을 죽였네 ‥‥‥

 의과대학에서 한 교수가 학생들에게 질문을 던졌습니다.

"한 부부가 있는데 남편은 매독에 걸려있고 아내는 심한 폐결핵에 걸려 있다. 이 가정에는 네 명의 아이들이 있는데 하나는 며칠 전에 병으로 죽었고, 남은 세 아이들도 결핵으로 살아날 가망이 없다. 이 부인은 현재 임신 중인데 어떻게 하면 좋겠는가."

한 학생이 "낙태 수술을 해야 합니다."라고 대답했습니다. 교수는 "자네는 방금 베토벤을 죽였네."라고 말했습니다.

이 불행한 환경에서 다섯째 아이로 태어난 사람은 바로 베토벤입니다. 의료적 판단으로는 낙태시켜야 할 그 아이가 바로 악성(樂聖)이라고 불리는 베토벤이었던 것입니다.

우리는 눈에 보이는 대로 쉽게 판단하는 경향이 있습니다. 인간 지식을 과신하는 경향이 있습니다. 쉽게 포기하고, 쉽게 사람을 정죄하기도 합니다. 심지어 인간 이성의 법정에서 하나님의 섭리와 뜻까지도 함부로 비판합니다. 그 이성과 인간 경험을 잣대로 비판하고 거역하는 어리석음을 범하고 있는 것입니다.

그러나 하나님은 우리가 그렇게 쉽게 판단할 정도로 작은 분이 아닙니다. 그것은 마치 작은 바가지로 태평양 바닷물을 측량하려는 것과 같은 어리석음입니다.

하나님께서 이끄시는 우리의 인생은 우리가 보는 것보다 더욱 오묘하며 온갖 기적으로 가득 차 있습니다. 우리의 생명은 그렇게 간단하지 않습니다. 너무 쉽게 포기하지 마십시오.

그들이 머리를
깎은 이유 ·····

미국의 어느 고등학교에서 일어난 일입니다.

어느 날 17명의 학생들이 갑자기 머리를 빡빡 깎고 등교했습니다. 평소에 착하고 순진한 학생들이라 선생님들은 깜짝 놀랐고 학교에 소동이 벌어졌습니다. 갑자기 머리를 깎았다는 것은 학교나 선생님께 반항의 표현일 수도 있고, 폭력 조직에 가입했다는 것을 의미할 수도 있기 때문입니다. 사람들은 그렇게 오해했지만 그 학생들의 뜻은 그것이 아니었습니다.

이들이 머리를 깎은 이유는 이러합니다. 함께 공부하는 친구가 암에 걸려서 방사선 치료를 받았습니다. 치료의 부작용으로 머리카락이 빠져버린 친구는 다른 아이들에게 놀림과

따돌림을 받게 되었습니다. 치료를 받는 것도 견디기 힘든 일이었지만 친구들의 놀림을 받는 것은 더욱 견디기 어려운 일이었습니다.

그것을 보다 못한 친구들은 암에 걸린 친구를 위하여 할 수 있는 일이 무엇인가 생각했습니다. 고통 당하는 친구를 위해서 할 수 있는 일은 위로의 말도 좋아하는 선물을 주는 것도 아니었습니다. 그의 입장이 되어주는 것입니다.

그래서 그들은 아픔을 겪고 있는 친구를 위해 자신들도 머리를 깎아 버린 것입니다. "너만 머리를 깎은 것이 아니야, 우리도 너와같이 빡빡머리가 되었어!" 라고 용기를 주고자 한 것입니다.

바로 이것이 사랑입니다. 말로만 하는 사랑은 진정한 사랑이 아닙니다. 사랑은 크고 거창한데 있는 것이 아니라 상대방의 입장이 되어주는 것입니다.

청어가
살아 있는 이유 · · · · ·

"청어가 살아 있는 이유를 아십니까."

이 말은 유명한 역사학자 아놀드 토인비(Arnold Toynbee, 1825~1883) 박사가 즐겨 던지던 질문입니다. 그는 이런 이야기를 했습니다.

북쪽 바다에서 청어잡이를 하는 어부들의 가장 큰 관심사는 "어떻게 하면 북해도에서 멀리 있는 런던까지 청어를 싱싱하게 산채로 가지고 가느냐." 입니다.

어부들이 애써 청어를 잡아 런던에 도착하면 거의 다 죽어 있었습니다. 그런데 한 어부만은 산 채로 가져와서 톡톡한 재미를 보고 있었습니다. 어부들이 그 비결을 물었습니다. 간청에 못 이겨 그는 말했습니다.

'나는 청어를 운반할 때, 수조 안에 사납고 식성 좋은 메기를 몇 마리씩 집어넣습니다.'

어부들이 눈이 둥그레지면서 "그러면 메기가 청어를 다 잡아먹지 않소?" 이구동성으로 말했습니다.

"하지만 그깟 녀석들이 청어를 먹어봤자 몇 마리나 잡아먹겠소. 그 놈은 청어를 고작 두세 마리 밖에 잡아먹지 못합니다. 통 안에 있는 수백 마리의 청어들은 살아남기 위하여 계속 도망쳐 다니게 되지요. 마치 올챙이처럼 열심히 헤엄치기 때문에, 먼 항해를 하고 런던에 도착해도 청어들은 여전히 살아서 싱싱하답니다."

토인비는 "문명의 성장은 계속되는 '도전'에 성공적으로 '응전'함으로써 이루어진다"는 유명한 말을 남겼습니다. 1차 대전 직후, 폐허의 절망 가운데서도 그는 희망의 역사를 말한 사람입니다. 고난과 역경을 불평하지 마십시오. 고난이 있기에 생명이 있습니다. 적당한 스트레스는 삶에 활력을 가져다 주는 보약입니다.

당신은 그분의
걸작품입니다 ·····

 악기점에 남루한 복장의 중년 남자가 들어왔습니다.

그 남자는 묵직하고 낡은 바이올린을 내밀며, 악기점 주인 벤츠에게 부탁했습니다.

"이 바이올린을 5달러에 사주시지 않겠습니까. 배가 너무 고파서요."

벤츠는 불쌍한 나그네를 돕는 셈치고 5달러를 건네주었습니다. 중년의 남자는 몇 번이나 감사 인사를 한 후 총총히 사라졌습니다.

그가 나간 후, 벤츠는 장난삼아 낡고 묵직한 바이올린의 활을 당겨보았습니다. 깜짝 놀랄 정도로 맑은 선율이 흘러 나왔습니다. 먼지를 털어 내고 속을 들여다보니 이렇게 적혀있었습니다. "1704년 안토니오 스트라디바리" 거장 스트라디바리가 만든 바이올린이었습니다. 벤츠는 급히 달려 나가 중년 남자를 찾았으나 찾을 수 없었습니다. 그 바이올린은 10만 달러를 호가하는 바이올린 최고의 명품이었습니다.

세상에는 두 종류의 인생이 있습니다. 하나는 자신의 가치를 깨닫지 못하는 인생입니다. 인생을 먹고, 마시고, 즐기다가 때가 되면 죽어 사라지는 존재로 여기는 것입니다. 그것은 마치 값비싼 명품을 단돈 5달러에 팔아넘기는 것과 같습니다.

그런가하면 자신의 삶을 하나님의 작품으로 깨닫고, 아름답고 존귀하게 여기며 살아가는 사람이 있습니다.

인생이 하나님을 인정하는 순간, 즉 자신이 하나님의 피조물임을 깨닫는 순간, 인간은 가치로 환산할 수 없는 가장 존귀한 삶으로 바뀌게 됩니다.

인간은 하나님이 만드신 가장 위대한 걸작품입니다.

"우리는 그의 만드신 바라"(에베소서 2:10).

약속 있는
첫 계명 · · · · ·

고구려 때 박정승이라는 효자가 있었습니다.

그 당시에 고구려에는 고려장 제도가 있어서 그는 나이든 노모를 지게에 짊어지고 산으로 올라갔습니다. '고려 장'을 하기 위해서입니다. 노모는 아들의 지게 위에서 나뭇가 지를 뚝뚝 부러뜨렸습니다. 깊은 산 속에 도착한 아들 - 박정 승이 큰절을 올리자 노모가 말했습니다.

"애야, 나라의 법을 어길 수는 없다. 날이 어둡기 전에 어서 내려가거라. 네가 길을 잃을까봐 나뭇가지를 꺾어 표시를 해 두었다."

박정승은 노모의 사랑에 감격해 다시 업고 내려와 남모르 게 봉양했습니다. 그 무렵, 당나라 사신이 말(馬) 두 마리를 끌고 고구려를 찾았습니다. 사신은 "이 말은 크기와 생김새가 같다. 어미와 새끼를 가려내라."는 문제를 냈습니다. 조정은 매일 회의를 했으나 묘안을 찾지 못했습니다. 이 문제로 고민하는 박정승을 보고 노모가 말했습니다.

"그게 무슨 걱정거리냐, 말을 하루 정도 굶긴 후 여물을 갖다 주어라. 먼저 먹는 놈이 새끼 말이다. 새끼를 배불리 먹이고 나중에 먹는 놈이 어미다."

결국 당나라 사신은 본국으로 돌아갔고, 박정승은 임금께 자초지종을 설명하고 '고려장'을 철폐할 것을 진언했습니다. 그때부터 고려장은 사라졌습니다.

성경은 약속하고 있습니다. '네 아버지와 어머니를 공경하라 이것이 약속 있는 첫 계명이니 이는 네가 잘 되고 땅에서 장수하리라"(에베소서 6:2~3). 그리고 "그 아비나 어미를 저주하는 자는 반드시 죽일지니라"(출애굽기 21:17)고 했습니다.

성경의 원리를 볼 때, 하나님을 섬긴다는 것은 곧 사람을 잘 섬긴다는 것을 의미합니다. 왜냐하면 눈에 보이지 않는 하나님을 사랑하는 것은, 보이는 사람을 사랑하는 것으로 증명되기 때문입니다.

그라민
은행 · · · · ·

방글라데시는 세계 최빈국 중에 하나입니다. 자력으로는 결코 절대 빈곤에서 벗어날 수 없는 빈민들을 위하여 방글라데시 치타공 대학 경제학과 교수 무하마드 유누스(Muhammad Yunus)는 자기 이름으로 은행에서 27달러를 대출 받아, 다시 24명의 주민에게 빌려주게 됩니다. 이것이 효시가 되어 마침내 가난한 빈민에게 돈을 빌려주고 자립하도록 돕는 '그라민 은행' (Grameen Bank)이 설립되었습니다.

2006년 현재 2,185개의 지점, 대출금 회수율은 99%, 흑자경영(1993년부터), 600만 명의 빈민들에게 대출, 그중 58%가 빈곤에서 벗어나게 되는 결과를 이루었습니다. 그리고 지난해 노벨 평화상을 받았습니다.

아프리카 르완다에 자원봉사를 갔던 '노보그라츠' (Novogratz)는 굶주린 미혼모들을 위해 고민하다, 마을에서 생산되는 땅콩으로 버터를 함께 만들어 팔아보기로 합니다. 의외로 좋은 반응이 일자 이들은 공장을 세웠고, 결국 마을 미혼모들이 모두 땅콩버터로 생계를 꾸릴 수 있게 되었습니다.

안드레아와 배리 콜먼 부부가 설립한 '의약품 수송회사' (Riders for Health)는 응급약품을 아프리카 오지(奧地) 마을에 배달하는 사업을 합니다. 이 회사의 2005년 매출은 370만 파운드였고, 지난 15년간 목숨을 구해낸 사람은 1,080만 명이 넘었습니다. 그는 말하기를 "아프리카에 약을 기부하는 사람들은 많지만, 정작 이것을 오지까지 수송하려는 사람은 없었다."고 했습니다.

이런바 요즘 주목을 받고 있는 사회적 기업들입니다. 좋은 일을 했더니 저절로 돈도 벌리더라는 말입니다. 사업이라고 다 같은 사업은 아니며, 일이라고 다 같은 일이 아닙니다.

마중
물 · · · · ·

 아마고마 사막을 지나기 위해서는 좁은 길을 통과
해야 합니다.

길 중간쯤에는 오아시스 대신에 작은 물 펌프가 하나 있습
니다. 뜨거운 사막을 통과하던 행인은 그 물 펌프를 보고 침을
삼키며 뛰어갑니다. 그렇게 펌프에 도착하면 다음과 같은 편
지가 있습니다.

"펌프 옆 흰 바위 밑을 파면 물이 가득 담긴 병이 있습니다.
그 병의 물을 펌프에 붓고 펌프질을 하면 시원한 생수가 철철
넘칠 것입니다. 주의할 것은 그 병의 물을 단 한 모금이라도
마시면 펌프질할 물이 모자랄 것입니다. 물을 다 쓴 후에는 병

에 물을 가득 채워서 마개를 꼭 막아 처음 있던 그대로 모래 속에 묻어 두십시오. 다음에 오는 사람을 위해서 말입니다."

"추신 : 절대로 병의 물을 먼저 마시면 안 됩니다!"

'마중물' 이라는 것이 있습니다. 지금은 보기 힘들지만 옛날에는 펌프로 우물물을 길어내곤 했습니다. 펌프질만 한다고 물이 올라오지 않습니다. 한 두레박 정도의 물을 펌프에 채워 넣고서 펌프질을 하다보면 물이 올라오기 시작합니다. 이때 미리 붓는 한 두레박의 물을 마중물이라 합니다.

더 큰 유익을 위하여 지금 약간의 투자를 감당하는 마중물의 원리가 우리 삶에도 필요합니다. 사업에도 마중물의 투자가 있어야 하고, 사랑에도 마중물의 희생이 요구됩니다. 물이 콸콸 쏟아지면 사람들은 쏟아지는 물에만 관심이 있지 마중물은 잊어버리고 염두에 두지도 않습니다.

내가 조금 앞서 베풀고, 내가 손해 보면 우리 주변은 점점 더 풍요로워질 것입니다. 누군가 먼저 마중물을 부을 때 우리의 삶은 풍성한 생수가 넘쳐날 것입니다.

시각의
차이 . . . . .

 펜실베이니아 대학 심리학과 마크 길슨(Mark Gilson) 교수의 실험 보고 중에 이런 내용이 있습니다.

상자에 조그마한 구멍 두 개에 뚫고 거기에 두 눈을 대고 상자 속을 들여다보게 했습니다. 그 상자 속에는 두 장의 사진이 나란히 붙어있습니다. 같은 사람의 사진인데 하나는 어둡고 침울한 표정의 슬픈 얼굴이고, 다른 하나는 기쁘고 밝은 얼굴입니다.

사람들에게 그 상자를 들여다보게 했습니다. 어떤 사진이 보이느냐고 물었습니다. 작은 두 구멍을 통해서 상자 안을 들여다 본 사람들의 의견이 달랐습니다. 어떤 이는 슬픈 얼굴이

보인다고 했고, 어떤 이는 기쁜 얼굴이 보인다고 했습니다.

이 연구를 통해 길슨 교수는 사람의 시각의 차이는 바로 그 사람의 마음의 차이라는 사실을 발견했습니다. 그의 연구에 의하면 사람은 자기 자신을 바라보는 태도와 세상을 바라보는 태도가 어느 쪽 그림이 눈에 들어오는 지를 결정한다는 것입니다. 세상을 부정적이고 비관적으로 보는 사람에게는 슬픈 얼굴의 그림이, 긍정적이고 희망적인 사람의 눈에는 기쁜 얼굴의 그림이 들어왔다는 것입니다.

길슨 교수는 이 연구를 통해 "행복과 불행의 요인은 첫째는 가치관이요, 둘째는 습관이다."라는 결론을 내렸습니다.

무엇이든지 긍정적인 눈으로, 믿음의 눈으로 볼 때 감사할 수 있습니다.

진정한
기도란 · · · · ·

한국과 포르투갈의 월드컵 경기가 있던 지난 금요
일이었습니다.

○○교회에서는 교인들이 모여 축구의 승리를 위하여 기도
하고 이어서 경기를 관람했다는 신문기사를 읽었습니다.

경기에서 한국이 승리하기를 바라는 마음은 누구나 한결 같
습니다. 과연 축구경기에서 승리를 위해서 기도하는 것을 어떻
게 보아야하는가 하는 것입니다.

물론 우리만 생각한다면 당연히 한국 팀이 이기기를 기도하
는 것이 옳다고 말하겠지만 상대방 나라를 생각할 때 그것이
단순하지만은 않습니다. 상대방 나라에도 기독교인이 있을 것
이고, 그들 역시 자기 나라가 이기도록 해달라고 기도한다면

하나님이 마음이 얼마나 시끄럽습니까. 도대체 하나님은 어느 편의 기도를 들어주셔야 하는 것입니까.

하나님은 인격적이신 분입니다. 기계가 아니라는 말입니다. "세 가지 소원"이라는 동화 속에 나오는 것처럼 기계적으로 세 가지 소원을 들어주어야 하는 그런 존재가 아닙니다. 아마 그런 하나님이라면 우리는 불안해서 못살 것입니다. 기도를 듣고 응답해주시겠다는 말씀은 더 이상 복된 약속이 아닐 것입니다.

만일 우리가 무심코 하는 말 한마디가 그대로 응답된다면 무슨 일들이 벌어지겠습니까. 하루에도 수십 번, 남을 미워하고, 심지어 저주할 때도 있는데 말입니다.

기독교에서 말하는 기도는 하나님과의 인격적인 만남이요, 대화입니다. 대화는 인격체끼리 의사를 주고받는 것입니다. 우리가 기도로 하나님께 우리 생각을 아뢰면 하나님은 여러 가지 방법으로 대답하십니다. 가장 좋은 길로 인도해주십니다. 무엇이든지 기도할 수 있습니다. 그 기도를 통하여 하나님은 우리와 대화하시고, 또 하나님의 선한 계획을 이루어 가십니다.

이 아이는
특별합니다 · · · ·

 미국의 유명한 교육학자가 시골 학교를 방문했습니다.

그는 수업 중인 1학년 교실에 들어가서 "선생님, 지금 수업을 받고 있는 학생들 중 노란 옷을 입은 소녀와 저기 저 소년은 뛰어난 머리를 가진 천재입니다. 깊은 관심과 애정으로 보살펴 주신다면 반드시 위대한 인물이 될 것입니다."라고 말했습니다. 교사는 이 유명한 교육학자의 말을 듣고 지극 정성으로 그 두 아이를 보살폈습니다. 그 결과 두 아이는 졸업할 때 가장 좋은 성적을 거뒀습니다. 그의 예언이 적중한 것에 감동한 교사는 교육학자에게 감사의 뜻을 전했습니다. 그러자 교육학자는 다음과 같은 글을 교사에게 보냈습니다.

"존경하는 선생님, 사실 그 두 아이는 전혀 모르는 학생들입니다. 저는 다만 눈에 띄는 아이 두 명을 골라 선생님에게 부탁했을 뿐입니다. 이로써 전 결론적으로 말할 수 있게 되었습니다. 즉, 선생님의 지극한 사랑과 보살핌을 받게 된 아이들은 자신의 능력과는 상관없이 무한히 발전할 수 있을 것입니다."

우리 교육의 현장이 무너져간다고 염려합니다. 자녀에 대한 잘못된 사랑, 삐뚤어진 관심이 교육을 망치고 있습니다. 일부 부모들은 아이들의 입장을 생각하지 않고 자신들의 기대를 일방적으로 강요하여 아이들을 혹사시킵니다. 그것이 사랑이라고 합니다.

사랑은 먼저 이해하는 것입니다. 자녀들을 이해하고, 그 이해의 바탕에서 관심을 가지는 것이 최상의 교육입니다.

"지혜 있는 자에게 교훈을 더하라 그가 더욱 지혜로워질 것이요 의로운 사람을 가르치라 그의 학식이 더하리라"(잠언 9:9).

가마우지
낚시 · · · · ·

세계적으로 분포되어 있는 철새 가운데 가마우지
라는 특이한 새가 있습니다. 몸은 오리와 비슷하고
부리는 독수리를 닮은 독특한 모양을 하고 있습니다. 가마우
지는 물에서는 오리처럼 빠르고 독수리처럼 날카롭습니다.

중국 계림에 가면, 가마우지를 이용하여 대대로 낚시를 하
며 살아오는 사람들이 있습니다. 가마우지를 이용하여 물고
기를 잡는 방법은 이렇습니다.'

먼저 가마우지의 긴 목의 아래 부분을 단단한 끈으로 묶어
서 목(식도)을 적당히 조여 놓습니다. 그것을 모르는 가마우
지는 물속에 뛰어들어 열심히 물고기를 잡습니다. 그리고는
잡은 물고기를 삼키기 위해서 머리를 하늘로 처들고 열심히

흔들어대지만 고기를 삼킬 수가 없습니다. 그때 어부는 식도에 걸린 물고기를 토하게 하여 바구니에 담습니다. 먹이를 빼앗긴 가마우지는 또 다시 배를 채우기 위해서 물속으로 뛰어들어 물고기를 사냥하는 것입니다.

어떤 사람은 일평생 맨손으로 노력하여 많은 부를 이루기도 합니다. 그러나 정작 그때는 이미 그가 병들거나, 나이가 들어서 그가 얻은 부를 누리지 못하는 아쉬운 경우도 있습니다. 현대인들은 대박이 터지고 일확천금을 얻는 것을 복이라고 생각합니다. 성경에는 "네가 네 손이 수고한 대로 먹을 것이라 네가 복되고 형통하리로다"(시편 128:2)라고했습니다.

자신이 수고한 대로 결실을 거두는 것이야말로 하나님의 축복이라는 말입니다. 하나님의 허락하심이 아니면 '가마우지' 처럼 헛된 인생을 살 수 밖에 없습니다.

풀의 꽃과
같은 인생 ·····

인생은 긴 듯 싶으나 짧습니다.

철학자 에단은 "인생은 한 생(一生)이라서 불안하다."라고 했습니다. 바이런은 "인생은 텅 빈 거품, 만추의 낙엽, 꽃과 열매는 떨어지고 벌레 먹어 낡음만 남는 비애"라고 노래했습니다. 셰익스피어는 "인생은 걸어가는 그림자"라고 했습니다. "초라한 배우로 으스대며 무대 위에 나타났다가 그 후에는 영영 소식 없이 사라지는 배우"라고 했습니다.

빌리 그래함(William Franklin Graham) 목사는 인생의 시간을 이렇게 분류했습니다. "사람은 세상에 태어나 부모 밑에 있는 시간이 15년, 20년은 잠으로 소일하고, 15년은 먹고 쉬고 즐기고, 5년은 늙어 기력이 없어서 일하지 못하고 겨우 15년 정도만 사람 구실을 한다. 요즘은 TV 때문에 7~8년을 빼앗긴다. 결국 인간은 5~8년만 사람 구실을 할 뿐이다."라고 했습니다.

누군가가 꽃을 꺾어 화병에 꽂아 두었다고 생각해보십시오. 원줄기에서 떨어져 나와 화병에 꽂힌 그 꽃은 살았습니까. 죽은 것입니까. 어떤 사람은 존재 자체에서 끊겨졌으니 죽었다고 말하는 사람도 있을 것이고, 아직 싱싱하니까 살았다고 말하는 사람들도 있을 것입니다. 살아 있는 것 같으나 죽은 상태입니다. 이것이 바로 하나님을 떠난 인생의 모습입니다.

영적인 죽음은 가지가 나무에서 끊겨지는 것처럼 하나님으로부터 끊어진 것을 말합니다. 인간은 하나님을 안중에 두지 않고 살아갑니다. 육체적 죽음은 풀의 꽃과 같이 70~80년이면 마르고 시들어 버립니다.

꺾인 인생이라는 나무는 70~80년 밖에 살지 못하는 것입니다. 그것을 영원히 사는 생명이라고 착각하지 말아야 합니다.

'안다'
박수 · · · · ·

라디오 방송에서 들은 이야기입니다.

흔히 클래식 음악 연주회에 가면 소위 "안다 박수"가 있다고 합니다. 자기가 그 음악을 안다는 것을 나타내기 위해서 음악이 끝나기가 무섭게 나서서 치는 박수를 일컫는 말입니다.

많은 책을 읽은 사람보다 책 한 권 읽은 사람이 무섭다고 합니다. 오로지 자기가 아는 것이 전부인 줄 알고 덤벼들기 때문입니다. 어떤 사람은 신문에서 읽은 정치기사 내용을 무슨 정치 전문가인 것처럼 침을 튀기면서 이야기하곤 합니다.

아는 척하는 것보다 더 어려운 일은 모르는 척하는 것입니다. 모르면서 아는 척할 수는 있어도 알면서 모르는 척하고 겸

손하게 행동하는 것은 대단히 어렵습니다. 이것은 상당한 인격의 수양이 되어 있지 않으면 어려운 일입니다.

우리가 사회생활을 하다보면, 모르기 때문에 일어나는 갈등보다는 안다고 주장하는 사람들 때문에 일어나는 갈등이 더 많습니다. 흔히 사회에 물의를 일으키는 사람도 아무것도 모르는 무식한 사람이 아니라, 스스로 안다고 주장하는 소위 식자(識者)라는 사람입니다.

알아도 좀 모르는 척, 남의 이야기를 경청할 줄 아는 사람, 조금은 여유를 가지고 기다려줄 줄 아는 자세가 진짜 멋진 모습입니다.

사자가 이끄는
사슴 군단 · · · · ·

이런 말이 있습니다.

"사슴이 이끄는 사자 군단보다, 사자가 이끄는 사슴 군단이 더 강하다." 전체의 힘을 합해보면 분명히 더 우월한데도 불구하고 그 힘을 발휘하지 못하는 경우가 있습니다. 옛날에 한국 사람들을 가리켜 국민 한 사람 한 사람은 똑똑하고 우수한데 함께 모아놓으면 오합지졸이라고 했습니다. 이런 이야기들은 지도자의 중요성을 강조하는 말입니다.

지도자의 중요한 자질 중에 하나는 '일을 배분하는 기술'이라고 말하고 싶습니다. 지도자는 일하는 사람이 아니라 일을 하도록 만드는 사람입니다. 열심히 일하는 사람은 일꾼입니다. 그러나 지도자는 다른 사람으로 하여금 적재적소에서 적절한 역할을 하도록 배치하고 격려하고 돕는 사람입니다. 열 가지 일을 혼자서 하는 것은 미련함이고, 열 사람에게 열 가지 일을 하도록 하는 것이 능력입니다.

공격형 리더가 있고 수비형 리더가 있습니다. 지시, 통제, 간섭 위주의 수비형 관리로서는 이길 수 없다고 합니다. 무엇을 도와 줄 것인지, 필요한 것이 무엇인지 생각하는 공격형 관리가 필요한 것입니다.

또 하나 지도자의 자질은 미래를 보는 안목입니다. 현실의 눈이 아니라 미래의 눈입니다. 현실을 잘 분석하고, 말하는 것은 지식인입니다. 현실을 넘어 내일을 보는 눈은 지도력입니다.

내가 나서기보다는 다른 사람을 내세워 보십시오. 이 사람이 이 일을 하면 좋겠다는 생각이 들면 그 사람에게 그 일을 하도록 격려하고 용기를 북돋우어 보십시오. 내가 직접 나서는 것보다 몇 배의 효과와 결과를 거둘 수 있을 것입니다.

사랑이
'하트' 인 이유는 · · · ·

 사랑을 표시할 때 흔히 하트(♥)를 사용합니다.
사람의 마음을 왜 하트 모양으로 표시했을까요.

사람의 마음이 처음에는 네모(■)였답니다(믿든지 말든지).
서로 좋아하게 되고 사랑하게 되어서 점점 가까이 다가가게 되
었고, 가까이 다가가다가 보니, 서로 부딪치고, 때때로 네모의
날카로운 모퉁이로 상대방의 마음을 찌르게 되었다고 합니다.
처음 네모였던 마음은 깎이고 또 깎여서 마침내 둥글게(●) 되
었고, 한쪽 모퉁이는 깊이 상처가 생겨 움푹 패이게 되었다고
합니다. 그래서 사람의 마음은 하트(♥)랍니다.

사랑은 이런 것입니다. 서로 상처를 줄 수도 있습니다. 하지만 서로를 다듬어 가게 되고, 아픔이 있지만 나를 둥글게 다듬는 것입니다. 비록 마음에 깊은 상처를 간직하고 있지만 서로를 용납하는 것입니다.

저는 결혼할 신랑 신부에게 종종 부부 싸움 많이 해야 한다고 이야기합니다. 하지만 규칙이 있어야 하고 절대로 그 경기의 규칙을 벗어나서는 안 된다는 사실을 주지시킵니다.

사랑은 하트 모양입니다. 그것은 마냥 좋은 것만이 아니라 서로를 다듬어주는 것이고, 상처를 감수하는 마음입니다. 그럴 때 아름다운 사랑은 완성됩니다.

자동차
판매 왕의 비결 · · · ·

자동차 판매 사원에서 시작하여 판매 이사의 자리까지 오른 판매 왕에 관한 책을 읽은 적이 있습니다.

그는 고객을 만나 이야기를 나눌 때 고객이 70퍼센트 이야기하면 자신은 30퍼센트만 이야기하는 것을 원칙으로 삼는다고 했습니다. 고객의 이야기를 들어주는 것보다 더 고객을 기분 좋게 해주는 것은 없다고 합니다.

그는 개성 없는 얼굴이기 때문에 고객에게 좋은 인상을 심어주려고 미소를 연습했다고 합니다. 웃음은 최고의 브랜드요, 마케팅이라는 것을 잘 알고 있었습니다.

아침 출근길에 반드시 내려놓고 가는 것이 있다고 합니

다. 그것은 자신의 자존심입니다. 자신을 낮추고 겸손한 자세를 가질 때 영업에서 승자가 될 수 있음을 그는 잘 알고 있습니다.

그의 성공 비결은 섬김의 정신이요, 긍정적인 정신이라고 봅니다. 현대 리더십은 군림하는 리더십이 아니라 섬기는 리더십입니다. 자동차를 판매하는 일에도 섬기는 리더십이 탁월했던 것입니다. 어느 누구도 군림하려 하고 큰소리치는 사람을 인정하지 않습니다. 혼자서 대화를 독점하는 사람을 좋아하지 않습니다.

남의 말을 경청하는 것, 즉 상대를 인정하는 자세, 웃음 가득한 긍정적인 태도, 자존심을 신발장에 올려 두는 겸손… 이것이 현대 사회에서 리더가 되는 길입니다.

진정한
미남, 미인은 · · · · ·

사람을 상징하는 것은 얼굴입니다.

사람을 처음 만날 때, 판단에 가장 큰 영향을 주는 것은 외모가 80퍼센트, 목소리가 13퍼센트, 나머지 기타가 7퍼센트라고 합니다.

외모를 보고 그 사람을 판단한다는 것이 불합리하지만, 인간의 내면은 눈에 보이지 않기 때문에 어쩔 수 없는 것 같습니다. 사실 첫인상을 통해서 파악할 수 있는 실체는 극히 제한적이지만 그것으로 사람을 판단합니다.

우리는 어쩔 수 없이 우리의 외모(얼굴)로 우리 자신을 드러냅니다. 단순히 잘나고 못난 얼굴을 말하는 것이 아닙니다. 얼굴은 표정입니다. 사람은 자기가 만드는 표정으로 자신을 드러냅니다.

그래서인지 근래에는 성형수술이 보편화되고 있습니다. 아무리 성형 수술하면 뭐합니까. 표정이 죽어 있으면 죽은 얼굴이나 다름이 없습니다.

마음이 즐거워야 웃음꽃이 피고 표정도 살아나게 됩니다. 표정이 살아있는 사람이 진정한 미남이고 미인입니다. 웃음은 인간에게만 주신 하나님의 큰 선물입니다.

목사 나쁜 놈
만들지 마소 · · · · ·

 목사가 성도님들한테서 듣는 억울한(?) 말이 있습니다.

간혹 아이들이 투정을 부릴 때, 마침 제가 그 옆을 지나가면, 그 부모는 "울면 목사님이 '이~놈!' 할거야!" 하고 아이에게 엄포를 놓습니다.

그럴 때 그 부모에게는 미안하지만 제가 하는 말이 있습니다.

"목사 나쁜 놈 만들지 마소."

그리고 아이에게 말합니다.

"아니야! 목사님은 '이~놈' 하는 사람 아니거든…."

농담 삼아 그렇게 말하는 이유는 자라나는 아이에게는 목사의 좋은 모습을 심어야 한다는 생각 때문입니다. 학교에서는 선생님 권위가 있어야 하고, 교회는 목사의 권위가 살아있어야 하듯이, 가정에는 부모의 권위가 살아있어야 합니다.

주일학교 선생님이 학생에게 질문을 했습니다.

"아담이 선악과를 먹고 받은 벌은 무엇일까요."

한 아이가 손을 들고 대답했습니다.

"하와요."

왜 그렇지 선생님이 묻자 "우리 아빠는 화만 나면 '아이고 내 팔자야. 내가 무슨 죄가 많아서 저런 여편네를 만나 이 고생하는고…" 한다는 겁니다.

이것은 그 아이의 미래를 불행하게 만드는 일입니다.

부부가 서로를 존중하는 것은 자녀 교육의 장래와 가정을 위하여 책임 있는 행동입니다.

多不
有時 · · · · ·

한적한 시골길을 지나던 등산객이 길옆에 있는 쪽
문에 한문으로 多不有時(다불유시)라고 적힌 글을
보았습니다. 한문에 관심이 많던 이 등산객은 무슨 뜻인지 궁
금했습니다.

"많은데 아니고, 시간이 있더라… 많지는 않지만 그래도 아
직은 시간이 있다는 뜻인가. 도대체 누가 이렇게 심오한 문자
를 적어 놨을까."

한참을 그 앞에 서 있는데 작은 쪽문에서 런닝 차림의 한 할
아버지가 나오셨습니다. 등산객은 그분께 물었습니다.

"이(多不有時) 글의 뜻은 뭡니까. 어떤 도사님이 이런 심오
한 사자 성어를 적었습니까."

할아버지가 이렇게 말했답니다.

"내가 적었지. 그냥 다불유 시야! 젊은 사람이 W. C. 화장실도 몰라."

때로는 너무 복잡하게 생각하여 답이 풀리지 않을 때가 있습니다. 단순하게 생각해야 할 때는 단순하게 생각해야 합니다. 예수님은 "어린아이 같이 되라." 하셨습니다. 아이처럼 단순해질 필요가 있다는 뜻일 겁니다.

복잡한 것은 좋은 것이 아닙니다. 단순한 것이 좋은 것입니다. 인심이 각박해질수록 삶이 복잡해지고, 결과보다는 과정에 집착하게 됩니다. 문제가 풀리지 않고 심각할수록, 단순하게 생각해 보심이 어떨지요?

남성
수난시대 · · · · ·

요즘, 회자되는 유머 가운데 남성들의 처지를 나타 내는 이야기들이 유독 많습니다. "연령대 별로 남자가 가장 무서워하는 것들"이라는 유머에 보면 50대 남자는 '아내가 곰국을 끓일 때' 가장 무섭다고 합니다. 아내가 곰국을 끓인 후에 며칠씩 집에 들어오지 않기 때문이라고 합니다. 60대 남자가 두려워하는 것은 갑자기 아내가 여행을 떠나자 할 때라고 합니다. 어디 가서 가만히 내버리고 올까봐 그런다고 합니다.

일본에서는 "누레오치바"(비에 젖은 낙엽세대)라는 말이 유행한다고 합니다. 평생 일만하고 퇴직 후 사회 적응 못하는 남편을 비하하여 비에 젖은 낙엽에 비유한다고 합니다. 그 이유는 아내에게 달라 붙어 잘 떨어지지도 않고, 더구나 메케한 냄새만 나고 불도 잘 안 붙기 때문이라고 합니다.

왜 나이가 들면서 남자의 존재가 이렇게 구차해지는 것일까요. 성경에는 이렇게 말씀합니다.

"땅은 너로 인하여 저주를 받고 너는 종신토록 수고하여야 그 소산을 먹으리라…네가 얼굴에 땀이 흘러야 식물을 먹고 필경은 흙으로 돌아가리니…" (창세기 3:17~19).

평생 땀 흘려 일해야만 하고, 일할 능력을 상실했을 때는 버림받는 남자, 그것이 죄를 범한 남자에게 내린 하나님의 형벌이기 때문인가요.

남자들이여! 힘을 내십시오. 그날이 오기 전에 자기 개발을 게을리 하지 마십시오. 특히 노후 한가한 시간이 주어졌을 때, 혼자서도 잘 놀 수 있는 능력(?)을 개발하십시오.

enjoy
it `. . . . .`

박지성이 축구 선수로서 최고의 무대에 첫 등장하는 후반 23분, 맹활약하던 호나우두와 교체되어 그라운드로 나서는 그에게 퍼거슨 감독은 이런 말을 했다고 합니다.

"경기를 즐기라!" (enjoy it)

박지성과 함께 나란히 영국 프리미어 리그로 진출한 이영표 선수는 입단하는 소감을 물었을 때 이렇게 말했습니다.

"저의 첫 번째 목표는 축구를 즐기는 것입니다. 그 다음 은…"

긴장한 선수에게 경기를 즐기라고 말하는 감독, 입단 소감에서 축구를 즐기는 것이 목표라고 말하는 선수의 태도는 옳은 것입니다.

인생은 즐거운 일만 있은 것이 아닙니다. 어떤 분은 희망을 가지자, 긍정적으로 생각하자라고 하면 현실을 모르는 소리 한다고 원망합니다. 그러면 "어렵고 힘들기 때문에 우리 모두 포기하고 죽자."라고 한다면 미래가 어떻게 되겠습니까.

우여곡절이 없는 인생은 없습니다. 서핑을 하는 사람이 밀려오는 파도를 타듯이 그것을 즐기는 사람이 행복한 사람입니다. 당신의 인생을 즐기십시오.

망하는 집과
흥하는 집 · · · · ·

얼마 전 방송에서 '망하는 집과 흥하는 집'을 서로
비교하는 프로그램을 본 적이 있습니다. 같은 조건
에서 두 집이 동시에 라면집을 차렸습니다. 한두 달이 지나면
서 두 집 모두 한계에 도달했습니다.

한계에 이르자 망하는 집은 메뉴에 문제가 있다고 생각하
고 다른 메뉴를 찾기 시작했습니다. 비빔밥, 만두 등등의 메뉴
가 하나 둘 늘어나면서 특징이 없는 식당으로 전락했습니다.

반면에 흥하는 집은 '왜 라면이 안 팔릴까…' 하면서 라면
을 연구하기 시작했습니다. 면발을 살리는 최상의 조리 시간
을 연구하고, 야채 육수를 개발하였습니다.

결과는 정반대로 나타났습니다. 메뉴에 문제가 있다고 생

각한 집은 결국 문을 닫는 지경에 이르렀고, 라면을 요리하는데 문제가 있다고 생각한 식당은 유명한 라면 전문점이 되었습니다.

성공하는 사람과 실패하는 사람의 차이가 그것입니다. 실패하는 사람은 '무엇'(What)에 관심을 가집니다. 안 되는 것은 무엇에 원인이 있다고 생각하며 이것저것 두루 섭렵하는 것입니다.

그러나 성공하는 사람은 '어떻게'(How)에 관심을 가집니다. 방법에 문제가 있다고 보고 그 방법을 연구합니다. 결국 성공하는 사람은 무엇을 하든지 성공하게 되어 있습니다.

인생도 마찬가지입니다. 무엇(누구) 때문이 아니라 어떻게에 달려있습니다.

다른 사람, 누구(Who) 때문에 힘든 것이 아니라, 그를 대하는 내 마음이 어떤가(How)에 달려있습니다.

어렵습니까 · · · · ·

어떤 사람이 경제가 어렵다고 했습니다.

옆에서 듣고 있던 어떤 학생이 "경제만 어렵습니까. 나는 수학도 어렵고 영어도 어렵고 다 어려운데…" 하더랍니다.

어렵다고 하면 다 어렵습니다. 따지고 보면 세상에 어렵지 않은 일이 어디있겠습니까. 쉽다고 하는 사람에게는 어렵지 않을 것입니다. 긍정적인 눈으로 보면 어려운 일도 잘 풀어나갈 수 있는 지혜를 얻을 수 있습니다.

모든 것이 불평인 사람에게도 뒤집어 보면 감사할 일도 많습니다. 어느 것을 더 중요하게 보느냐에 따라 부정적인 사람이 되기도 하고 긍정적인 사람이 되기도 합니다. 그것은 관점의 차이입니다. 그러한 관점은 그 사람의 마음에 품고 있는 가치관에서 비롯됩니다.

꽃꽂이 작품을 감상하면서 한 사람은 앞에서 조금 거리를 두고 주시하며 꽃들의 배치와 조화를 보면서 아름다움을 즐깁니다. 다른 사람은 작품의 뒷부분을 파헤쳐 봅니다. 얼기설기 엉킨 뒷부분을 보고 지저분함을 지적합니다. 그것은 자유입니다. 결과는 자기 자신에게 돌아갑니다.

오늘 우리의 상황도 어렵습니다. 그러나 생각해 보면 감사할 일이 많습니다. 세계 어느 나라가 이만큼 삽니까. 선진국인들 우리만큼 풍요롭게 살 수 있습니까. 국가는 부자이지만 국민들은 가난하다는 말도 있습니다. 우리는 소득 이상으로 풍요로운 환경에서 산다고 생각합니다.

만일 좀 더 큰 차를 타지 못해서 불만이고 좀 더 넓은 아파트에 살지 못해서 불만이라면 반성해야 합니다. 감사를 잃고 나면 모든 것을 잃게 되기 때문입니다.

거짓말
한번 해봅시다 · · · · ·

오래 전부터 서양에서는 해마다 4월 1일에 갖가지 가벼운 장난과 그럴듯한 거짓말로 남을 놀리거나 헛걸음을 하게 하는 풍습이 있습니다. 이날 남에게 속아 넘어간 사람을 "4월의 바보(April fool)"라고 합니다. 만우절의 유래에 대해서 본래 그리스도가 유대인에게 조롱당한 일을 잊지 않기 위해 만들어진 날이라는 설도 있습니다.

거짓말에도 종류가 있습니다.

입에 침도 안 바르고 하는 거짓말이 있는가 하면, 입술에 침 바르고 하는 거짓말도 있습니다. 아내가 정성스럽게 차린 음식이 맛없어도 "정말 맛있네." 하는 거짓말, 아기가 좀 안 예뻐도 "정말 예쁘다 인형 같네." 이런 거짓말은 침 바르고 하는 거짓말입니다. 사실 따지고 보면 거짓말이 아닙니다. 엄마의 입장에서 보면 그 아기가 세상에서 가장 예쁜 아기이기 때문입니다.

아름다운 거짓말도 있습니다.

의사가 두통 환자에게 비타민 C를 주고 두통약이라고 하면, 환자는 그 약을 먹고 두통이 사라지는 것을 느끼게 됩니다. 자신의 죽음을 받아들이지 못하는 심약한 시한부 환자에게 사실대로 "당신은 곧 죽게 될 겁니다. 절대로 회생할 가능성이 없습니다."라고 하거나, 공부 못 하는 학생에게 선생님이 "넌 아무리 해도 안 돼!"라고 말한다면 누가 그를 진실하다고 하겠습니까.

아름다운 거짓말이라면 우리도 한 번 그런 거짓말에 빠져 보면 어떨까요.

장점과
단점 · · · · ·

 당신이 아래의 세 후보 중에 한 사람을 선택해야
한다면 누구를 선택하시겠습니까.

첫 번째 후보는 매일 밤술을 마시고 다음날 정오까지 늦잠
을 잤습니다. 때로는 각성제도 사용했습니다. 두 번이나 사람
들에게 불신임을 당하기도 했습니다.

두 번째 후보는 외도를 했으며 점성가들의 말을 믿는 사람
입니다. 그는 줄 담배를 피웠고 강압적인 말투로 이야기했으
며 하루에 8-10잔의 마티니를 마셨습니다. 게다가 그는 지병
으로 고통 받고 있었습니다.

세 번째 후보는 전쟁 영웅으로 놀라울 정도로 확고한 결단
력의 소유자입니다. 그에게는 폭넓은 지식과 야심찬 목표, 목

표에 도달하기 위한 계획, 계획을 추진하는 능력이 있습니다. 결코 부정을 저지르지도 않았습니다. 그는 채식주의자였고 술과 담배도 하지 않았습니다.

소개한 첫 번째 술꾼은 영국의 수상이었던 윈스턴 처칠이고, 두 번째 바람둥이는 미국의 대통령 루즈벨트였으며, 세 번째 전쟁 영웅(?)은 히틀러입니다.

완벽한 사람은 없습니다. 어떤 사람의 경우에는 분명한 단점을 가지고 있지만, 그가 가지고 있는 장점을 잘 사용하므로 그 단점이 묻히기도 합니다. 반대로 히틀러처럼 많은 장점들이 모여 치명적인 단점을 만들기도 합니다.

단점이
사명입니다 . . . . .

몇 해 전의 일입니다.

교회 옆 공터에서 어느 날부터인가 고약한 냄새가 나기 시작했습니다. 알고 보니 누군가 몰래 생선 내장 오물을 갖다 버린 것입니다. 오랫동안 방치된 생선 내장이 썩어 만든 악취는 정말 고약했습니다. 심각한 악취 때문에 어느 누구도 근처에 다가갈 엄두조차 내지 못하였습니다. 그런데 어떤 성도님이 그것을 아무런 거리낌도 없이 혼자서 치우시는 것입니다.

제가 물었습니다.

"다른 사람은 냄새 때문에 가까이 가기도 어려운데 어떻게 그것을 아무렇지도 않게 치울 수 있습니까."

"목사님, 저는 뇌신경에 손상이 있어서 냄새를 못 맡아서 남들이 냄새 때문에 싫어하는 일도 해낼 수 있습니다."

냄새를 맡지 못한다는 것은 굉장히 힘들고 불편한 것인데, 이분은 그것을 감사로 받아들였습니다. 남들이 꺼리고 싫어하는 일도 어려움 없이 해낼 수 있었습니다.

세상에는 장점을 많이 가지고 있음에도 불구하고 감사하지 못하는 사람이 있는가 하면 많은 단점을 장점으로 승화시키는 사람도 있습니다. 또 어떤 사람은 장점이 많아서 교만에 빠집니다.

장점이 많아서 인생을 망치기도 하는가 하면 단점 때문에 더 노력하여 성공하는 인생도 있습니다. 장점이나 단점은 결국 생각하기 나름입니다.

사람은 서로 다릅니다.
분명한 차이를 가지고 있습니다.
그러나 나와 다르기 때문에
다른 사람이 틀린 것은
아닙니다.

감자를 맛있게
먹는 방법

3

이 열차
기름으로 가요

완장
콤플렉스 · · · · ·

'완장' 하면 무엇이 떠오릅니까.

저는 청소년 시절 학교 선도부(규율)의 완장이 떠오릅니다. 완장 찬 선배들의 권세는 대단했습니다. 어느 날 그 완장이 저에게 주어졌습니다. 그날부터 완장은 저의 분신이 되었습니다. 일부러 교복 뒷주머니에 꽂고 다녔습니다. 물론 교회 갈 때도 예외는 아니었습니다. 그 시절 선도부 완장은 암행어사의 마패와도 같았습니다.

연세 드신 분들은 이보다 더 무서운 완장을 경험했을 것입니다. 일제 강점기 때, 일본 순사나 헌병의 팔에 둘러져 있던 완장, 6. 25 때 인민군이 들이닥치자 느닷없이 죽창 들고 설쳐대던 완장이 연상될 것입니다.

사실 완장을 찬 사람은 대개 보잘것없는 사람들입니다. 실세가 아니라 하수인에 불과합니다. 그러나 완장을 찬 사람과 안 찬 사람의 차이는 하늘과 땅 차이입니다. 손가락질 받던 아랫마을 건달이 인민군이 채워준 완장 하나로 하루아침에 동네 사람들의 생사여탈권을 가지게 되었다니… 이때 완장은 단순한 헝겊 쪼가리가 아닌 살인면허가 되었던 것입니다.

아무튼 완장이란 것이 묘해서 평범한 사람도 이것만 있으면 살아 움직이게 됩니다.

요즘도 완장이 존재합니다. 한국 사람 셋만 보이면 회장, 부회장, 총무한다고 합니다. 명함에 이런저런 직함을 줄줄이 기록합니다. 저마다 완장을 차려고 다툽니다.

그 완장의 위세를 누리기 위해서…

그런 완장이 아니라 인격으로 존경받는 완장이 가치 있습니다. 아무튼 완장 너무 좋아하지 맙시다!

목사의
투정 · · · · ·

연세 지긋하신 목사님이 오랜만에 찾아온 손자에게 재미있는 이야기를 들려주었습니다. 손자는 숨을 죽이고 귀를 기울이며 들었습니다. 이윽고, 이야기를 마쳤을 때 손자가 심호흡을 한 번 하더니 목사 할아버지께 물었습니다.

"할아버지, 방금 하신 얘기는 진짜예요, 설교예요."

한번은 목사가 설교를 하는데 앞자리 앉은 성도가 졸고 있습니다. 설교하던 목사가 그 옆에 앉은 성도에게 말했습니다.

"옆에 있는 형제가 졸고 있는데 깨워야지 왜 모른척합니까."

이분이 이렇게 대답했습니다.

"목사님이 잠재워 놓고 왜 저더러 깨우라 하십니까."

이런 이야기를 들을 때면 목사는 쥐구멍이라도 찾고 싶습니다.

간혹 드라마 속에서라도 "또 설교하는 구나", "설교 그만해!" 하는 대사를 들을 때 내 설교가 그렇게 들리지는 않을까 하는 제 발 저리는 마음이 되곤 합니다.

떨리던 마음으로 어린아이들 앞에서 설교하던 때부터 시작하여 그럭저럭 강단에 선지 20년이 지났지만 아직도 주일날 설교단에 서면 긴장이 됩니다. 그런 마음으로 지난 일 년 52주 거의 매일같이 씨 뿌리는 농부의 심정으로 설교를 했습니다. 변함없는 저의 고백은 "설교는 저에게 십자가이면서 동시에 무한한 영광입니다."

그냥 털어놓는 철없는 목사의 투정이었습니다.

64년생 · · · · ·

프랑스 사람들이 사용하는 속어 가운데 '64년생'이라는 말이 있습니다. 공부 못하고 우둔한 사람을 가리켜 흔히 '64년생'이라고 놀려 댄다고 합니다.

이 말은 다음과 같은 탄생 배경을 가지고 있습니다. 1864년에 프랑스는 포도 농사가 대풍작이었습니다. 이렇게 풍작을 이루자 흔한 것이 포도주였고, 사람들은 값싸게 포도주를 마음껏 마실 수 있었습니다. 풍요로움 속에 거리는 흥청거렸고 많은 알코올 중독자들까지도 생겨났습니다.

그 해에 태어난 아이들 중에 신체적, 정신적 장애아가 유난히 많았다고 합니다. 지나친 알코올 섭취의 결과였던 것입니다.

풍요로운 것이 모두 유익한 것은 아닙니다. 적당히 모자란 것도 은혜입니다. 인간은 결코 물질의 풍요를 통해서 행복을 누릴 수는 없습니다. 심령이 가난한 자는 복이 있다고 하신 예수님의 말씀은 결코 빈 말이 아닙니다.

그것을 증명하는 분명한 통계가 있습니다. 지난 수년 간 복권에 당첨된 사람들의 삶을 추적한 통계입니다.

누구나 인생 역전을 꿈꾸지만 복권에 당첨된 대부분의 사람들은 그로 인해 불화와 갈등, 방종으로 결국에는 파멸에 이른다는 것입니다. 조금 부족한 것도 복입니다.

2,901명의
이름 · · · · ·

2003년 9월 11일, 911 테러 사건 1주년 기념식이 사고현장에서 있었습니다. 미국 대통령이 참석한 추도식 실황이 CNN을 통해서, 또 인터넷을 통해서 전 세계에 중계되었습니다. 행사 가운데 특별한 것은 911 때 희생된 2,901명의 이름을 일일이 호명하는 순서였습니다. 장장 3시간에 걸쳐서 그날 희생된 사람들의 이름을 일일이 호명하였습니다. 상당히 긴 시간이 걸렸지만 대통령 이하 어떤 사람도 자리를 뜨지 않았습니다.

이 장면을 보고 미국이란 나라가 무섭다는 생각이 들었습니다. 비록 지금은 청교도 전통이 많이 퇴색되었지만 그 기저(基底)에 흐르는 국민 한 사람의 생명과 인격을 존중하는 정신을 볼 수 있었습니다.

동시에 미국이 자국민을 귀하게 여기듯이 아프간 국민을 귀하게 여겼더라면, 이라크 국민의 생명도 귀하게 여겼더라면 하는 아쉬움이 남았습니다.

우리 사회도 좀 더 개인을 존중하는 문화가 확산되었으면 좋겠습니다. 우리는 이웃사촌이란 말을 합니다. 좋은 점도 많지만 이웃사촌으로 대하다 보니 서로에게 무례한 경우도 있습니다.

성경은 한 생명이 천하보다 귀하다고 말합니다. 개인의 가치는 온 천하보다 귀하다는 것입니다. 그 사람이 교회 안에 있든지 교회 밖에 있든지 천하보다 귀합니다. 지금 여러분의 옆을 보십시오. 그가 바로 '천하' 입니다!

을지로 이가(李家)
내리십시오 · · · · ·

어떤 분에게 들은 이야기입니다.

경상도 할머니가 서울 아들네 집을 찾아 나섰습니다. 서울역에 내린 할머니는 버스를 탔습니다. 서울 지리를 모르는 할머니는 잔뜩 긴장하고 있었습니다. 운전기사가 안내 방송을 했습니다.

"을지로 2가 내리십시오."

그때 갑자기 할머니는 자리에서 벌떡 일어나 "그라마 안동 김가(金家)는 어디 내리란 말인교." 화를 내며 버스를 내려 버렸습니다. '을지로 2가'를 '을지로 李家(氏)'로 들었던 모양입니다.

화가 잔뜩 난 할머니는 이제 택시를 탔습니다. 택시 기사가 나긋나긋한 서울 억양으로 할머니에게 물었습니다.

"할머니, 어디 가시나요."

그러잖아도 화가 난 할머니는 삿대질을 하면서 이렇게 말했습니다.

"그래, 내는 경상도 가시나다. 니는 어디 자식이고."

오늘도 이런 일은 우리 주변에서 부지기수로 일어나고 있습니다. 의사소통이 제대로 이루어지지 않기 때문에 일어나는 갈등과 다툼입니다. 특히 한국의 정치인들을 보면 이 할머니가 생각납니다. 서로 말꼬리를 물고 트집 잡고 비난을 일삼는 이 전투구를 보면 속이 답답해집니다.

자기의 의사를 조리 있게 정확하게 잘 표현하는 것이 중요합니다. 그리고 동시에 남의 말을 잘 듣고 존중하는 것도 중요합니다.

이 열차
기름으로 가요 · · · · ·

한 청년이 지하철 4호선을 타고 가면서 졸고 있는데, 술 취한 아저씨가 청년의 옆구리를 쿡쿡 찌르며 이렇게 물었습니다.

"이봐, 젊은이! 이 차 기름으로 가는 거지."

청년이 생각하기에 지하철은 기름이 아니라 전기로 가더랍니다.

"아뇨, 이 지하철은 전기로 가요."

술 취한 아저씨는 "에이 씨" 하더니 다음 역에서 내려버렸습니다. 그 청년이 잠에서 깰 무렵 열차 안에는 이런 안내 방송이 울려 퍼졌습니다.

"다음 역은 길음! 길음 역입니다."

그 아저씨는 열차가 기름(Oil)으로 가는지 전기로 가는지 물었던 것이 아니라 '길음'이라는 역을 물었던 것입니다.

말은 잘해야 하지만 듣기도 잘 들어야 합니다. 한 사회학자는 현대 사회를 콘크리트 사회로 비유했습니다. 도시인들이 아파트, 빌딩 콘크리트 속에 갇혀 살다보니 마음과 사고까지도 콘크리트처럼 굳어졌다는 것입니다.

종종 결사반대라는 구호를 봅니다. 무슨 일인데 결사(決死)하고 반대한다는 것입니까. 과연 목숨을 걸만한 일인가 살펴보면 그렇지도 않은 경우가 대부분입니다. 그러다 보니 너무나 쉽게 상처받고 너무나 깊이 상처를 줍니다.

여유 있게 남의 말을 들을 줄도 알고 수용할 줄도 알았으면 좋겠습니다.

다른 것은
틀린 것이 아닙니다 · · · · ·

 요즘 젊은이들은 "다르다"와 "틀리다"를 잘 구별
하지 못합니다. 예를 들어 "이것과 저것이 같니."
하고 물으면 "아니요 틀려요."라고 합니다. 이 경우에는 틀리
다가 아니라, 다르다고 답해야 합니다.

한번은 우리나라 축구 대표 선수가 베트남과의 2차전을 앞
두고 인터뷰를 했습니다. 1차전에서 수치스러운 패배를 했기
에 이 선수는 이렇게 말했습니다.

"우리가 지난번 경기와 얼마나 틀린지를 보여 주겠습니
다."

얼마나 틀린지를 보여주겠다는 것은 '지난번 보다 얼마나
더 옳지 않은가를 보여 주겠다' 는 의미입니다.

"다르다"와 "틀리다"는 그 의미가 다릅니다. 다르다는 것은 둘의 차이를 말하는 것이고, 틀리다는 것은 옳지 않다는 것을 의미합니다.

서로 다른 것은 차이일 뿐이지 틀린 것이 아닙니다. 다르다와 틀리다를 혼동하는 것처럼 우리는 나와 다른 생각을 가진 사람에 대해서 틀리다고 생각합니다.

사람은 서로 다릅니다. 분명한 차이를 가지고 있습니다. 그러나 나와 다르기 때문에 다른 사람이 틀린 것은 아닙니다. 나와 다른 생각, 다른 사람의 특성을 받아들이고 인정해주는 것이 건강한 인간관계의 출발입니다.

실패
파티 · · · · ·

실패 파티, "부도가 나서 빚잔치라도 한다는 말인 가." 하실 것입니다. 그런 의미에서 빚잔치가 아니고, 이것은 어떤 회사에서 시행하고 있는 경영 개선 방안 중에 하나입니다.

그 회사에서는 고객 만족에 실패한 사례들을 직원들이 발표하고 개선방안을 제시하는 작은 파티를 연다고 합니다. 이것은 세계 6대 테마 파크에 꼽히는 에버랜드에서 1996년부터 시행하는 제도입니다.

최근 경영학에서는 「실패학」이란 과목이 도입되고 있습니다. 그들은 "실패도 자산이다."라고 주장합니다.

미국 미시간 주에는 로버트 맥메스라는 사람이 설립해서

운영해오고 있는 세계 유일의 '실패 박물관' 이 있다고 합니다. 그 박물관에는 모든 실패작들이 전시되어 있습니다.

실패를 어떻게 취급하느냐에 따라 실패일 수도 있고, 성공을 위한 자산일 수도 있습니다. 그것은 전적으로 자기 자신에게 달려있습니다.

실패 앞에서 두 가지 태도가 나타납니다. 실패에 굴복하고 "나는 끝났다."고 포기하는 사람과 "아직 게임은 끝나지 않았다."고 말하는 사람입니다.

여러분의 시간을 점검해보십시오. 아직은 과정일 뿐입니다. 멀리 결산의 그날을 바라보십시오. 마지막에 웃는 자가 진정한 승리자입니다. 그 마지막은 죽음의 순간입니다.

실미도 · · · · ·

개봉한 지 2, 3주 만에 500만 명 관객 동원이라는 진 기록을 세운 영화가 있습니다. 1970년도 전후를 배경으로 한 실화 소설을 영화화한 〈실미도〉입니다. 영화의 개략적인 내용은 이렇습니다.

1969년도 북한 128군부대 특수요원들이 청와대를 폭파하기 위하여 침투한 이른바 김신조 사건이 일어났을 때, 당시 남한 정보부에서는 그 보복책으로 평양에 보낼 특수부대를 조직하게 됩니다. 그 구성원들은(영화상에 의하면) 사형수, 폭력 전과자와 같은 사회에서 버림받은 자들이었습니다. 그들에게 주어진 유일한 목표는 "김일성의 목을 따라!"는 것이었습니다. 그 목적 아래 2, 3년간 혹독한 지옥 훈련이 이어집니다. 그들이 죽음의 훈련을 견딘 것은 목적을 완수하면 새 삶을 얻을 수 있다는 기대 때문입니다. 그러나 그 사이 남북정세가 변하기 시작합니다. 멸공통일에서 평화통일로 대북 정책이 바뀐 것입니다. 이제 더 이상 이런 특수 부대가 필요치 않았습니다. 존재 자체만으로도 걸림돌이 되는 상황이 되었습니다. 이것은 곧 그들에게 인생의 목적이 없어진 것을 의미했습니다. 지옥 훈련을 견디었던 그들이 목적상실의 상황은 견디지 못합니다. 그때 강인찬(설경구 역)이 절규하듯 외치던 대사가 기억에 남습니다.

"우리를 평양에 보내주십시오! 가서 없어지든지, 죽든지 우리를 보내주십시오!"

이 영화는 인간에게 목적이 얼마나 중요한가를 극단적으로 보여주고 있습니다. 목적은 사람에게 열정을 공급합니다. 목적이 분명한 사람일수록 삶에 열정이 있습니다.

지금까지 내 인생의 목적이라고 확신하며 죽을힘을 다해 달려왔는데, 어느 순간 그것이 목적이 아니라면 어떻게 하시겠습니까.

돼지의
비애 . . . . .

 돼지가 길을 가다 암소를 만나 불만을 털어놓았습니다.

"나는 죽어서 사람들에게 살코기와 베이컨을 제공하고 심지어 내 발까지도 맛있는 먹을거리로 그들에게 내주는데 사람들은 왜 나보다 너를 좋아하는 걸까."

암소가 빙그레 웃으며 대답했습니다.

"이유가 있지. 너는 죽어서야 유익한 것을 제공하지만 나는 살아있는 동안에 우유를 나눠주거든."

세상에는 움켜쥐는 데에만 급급한 사람들이 있는가 하면, 작은 것이라도 함께 나누며 살아가는 사람들도 있습니다. 어떤 사람은 언젠가 여건이 좋아지면 다른 사람을 위해 큰일을 할 것이라고 큰소리칩니다. 반면에 어떤 사람은 부족한 가운데서도 다른 사람을 도우며 살아갑니다. 누가 더 풍요로운 삶을 사는 것입니까.

목회를 하면서 발견한 진리가 있습니다.

많은 것을 소유할 때는 자기가 주인이라고 생각합니다. 그러나 하나 둘 잃어버릴 때, 잃어가면서 조금씩 깨닫게 됩니다. 건강할 때는 건강이 하나님께서 주신 축복인 줄 모릅니다. 재산을 소유하고 있을 때는 그 재산의 주인이 하나님이시며 자신이 청지기라는 사실을 인정하지 않습니다. 그러나 모든 것을 잃은 후에야 비로소 "하나님이 주인이었습니다."라고 고백하게 됩니다.

더 늦기 전에 오늘 할 수 있는 일을 하십시오. 바로 지금 행할 때 그것이 가장 값진 나눔이며 희생입니다.

상생과
상살 . . . .

서로 경쟁 관계에 있는 두 상인이 있었습니다.

두 사람은 서로 마주보는 가게에서 눈만 뜨면 '어떻게 상대를 망하게 할까.' 하는 것에만 신경을 쓰고 있었습니다. 어느 날 천사가 한쪽 상인을 찾아와서 이렇게 제안했습니다.

"하나님께서 당신의 소원을 무엇이든 들어주기로 했습니다. 그대가 재물을 원하면 재물을, 명예를 원하면 명예를 그무엇이든 줄 것입니다. 그러나 한 가지 조건이 있습니다. 그것은 바로 당신의 경쟁자는 그 두 배를 받게 된다는 것입니다. 당신이 금화 10개를 원하면, 상대는 20개를 얻게 될 것입니다. 이제 당신은 무엇이든 다 얻을 수 있습니다. 이제 소원을 빌고 그 사람과 화해를 하세요."

천사의 말을 들은 상인은 한참 골똘히 생각을 하다가 크게 한숨을 쉬며 결심을 한 듯이 말했습니다.

"그럼 제 한쪽 눈을 멀게 해주십시오."

'상생'이라는 말이 있습니다. 상생은 너도 살고 나도 사는 것입니다. 하지만 우리 주변을 보면 '상대가 나보다 더 잘되는 것은 용납할 수 없다'는 전제를 달고 있는 것이 상생인 듯 보입니다. 그것은 상살(相殺)입니다. 인간 내면에 감춰진 본능에는 차라리 내가 망했으면 망했지 경쟁자가 잘되는 꼴은 못본다는 생각이 있습니다.

예수님은 한 알의 밀이 땅에 떨어져 죽으면 많은 열매를 맺는다고 하셨습니다. 상생이 아니라 희생을 말씀하신 것입니다. 희생이 없는 상생은 없습니다.

숫자를 잊게
    하는 묘약 · · · · ·

 어느 나라에 숫자로만 말을 하는 마을이 있었습니다.

아침에 만나면 "밥 몇 그릇 먹었니."라고 인사하고, 저녁에 만나면 "오늘 돈을 얼마나 벌었니."라든가, "오늘 얼마짜리 저녁을 먹었다"라고 묻고 이에 대답했습니다.

친척집에 놀러 온 아이들에게는 "체중은 얼마니." "키는 얼마지." 에서 시작하여 "몇 등이니."로 이어졌습니다. 이런 식으로 모든 것을 숫자와 관련지어 질문했습니다. 동네 할머니 한 분이 돌아가셨을 때도 사람들은 "이제 이 동네에는 59명이 남았구나" 라는 말만 할 뿐 슬퍼하는 마음이 없었습니다.

하루는 큰 홍수가 나서 마을 사람들이 물에 빠져 죽거나 집이 물에 잠기는 큰 피해를 입게 되었습니다. 그때도 사람들은 "몇 명이 죽었느니, 재산 피해가 얼마나 났느니" 하면서 숫자 계산에만 열을 올리고 있었습니다.

이런 이상한 마을이 어디에 있겠습니까. 오늘날 우리는 그 마을과 비슷한 도시에서 살고 있습니다. 사람을 볼 때 돈을 얼마나 가지고 있는지, 몇 평짜리 아파트에 사는지, 친구가 결혼을 해도 얼마짜리 반지를 받았는지에만 관심을 갖고 사람의 인품이나 집의 아름다움, 사랑의 가치 등은 크게 보려고 하지 않습니다.

숫자를 잊어버릴 수 있는 묘약이 있습니다. 그 묘약은 바로 '사랑' 입니다. 사랑을 하면 눈이 멀어진다고 하지요.

동장네 마루에서
태어난 예수님 · · · · ·

친구가 목회 하던 중에 이런 일이 있었다고 합니다. 어떤 할머니가 예수님을 믿고 마침내 세례를 받게 되었습니다. 목사님이 할머니에게 질문을 했습니다.

"할머니 예수님은 어디서 태어났습니까. 세례를 받으시려면 그 정도는 아셔야지요."

"그야 동장네 마루에서 났지요."

이렇게 할머니는 자신 있게 대답을 하더랍니다. 동정녀 마리아에게서 나셨다는 말이 이해도 안 되고 믿기도 어려웠기에 동장네 마루라고 이해하셨던 모양입니다.

사실 예수님의 탄생 사건은 여러 면에서 이해하기 힘든 부분이 있습니다. 예수가 하나님이라는 말도 그렇고, 더군다나 정상적인 출생의 과정을 거친 것이 아니라 결혼하지 않은 처녀의 몸에서 태어나셨다는 것은 전혀 이성으로는 이해가 안 됩니다.

어쩌면 예수는 하나님이 아니며 일개 성자에 불과하며, 동정녀가 아니라 정상적인 부부에게서 태어났다고 말한다면 훨씬 쉽게 그분을 이해하고 받아들일 수 있을지도 모르겠습니다.

그러나 그리스도인들은 동정녀 마리아의 몸에서 예수님이 탄생하셨다는 사실을 절대적인 사실로 고백합니다. 중요한 것은 그 허황(?)된 주장을 믿고. 그 예수를 따르며 자신의 전 인생을 거는 수십억의 무리들이 아직도 이 땅에 존재한다는 사실입니다.

곡물
팽창업 · · · · ·

예전에는 학교에서 신학기가 시작되면 '가정환경
조사'라는 것을 했습니다. 부모님 직업에서부터
시작하여 학력, 화장실이 수세식이냐 재래식이냐, 심지어 신
문 구독여부 등등을 조사하곤 했습니다. 40대 이상 되시는 분
들 대부분이 어려운 환경 속에서 성장하였기에 가정환경을
드러낸다는 것이 때로는 부끄럽고 꺼리는 일이었을 것입니
다.

그 시절에 한 중학생이 가정환경조사에 부모님 직업란에
아버지의 직업을 이렇게 썼습니다.

"곡물 팽창업"

그 학생의 아버지는 시장에서 뻥튀기 과자를 만드는 일을

하고 있었습니다. 비록 아버지가 시장 통에서 뻥튀기를 하고 있지만 기왕이면 듣기 좋을 뿐 아니라 재치 있게 "곡물 팽창업"이라고 표현한 그 학생의 자세가 당당해 보이지 않습니까.

좋은 말, 긍정적인 표현, 아름다운 언어의 구사력은 훌륭한 능력 중에 하나입니다. 그것은 자기 인생을 더 풍성하게 만들어줍니다.

그 언어의 배후에는 '사랑' 이 있습니다. 수고하는 아버지를 사랑하는 마음이 곡물 팽창업이라는 재치 있는 말을 만들어낸 것입니다. 이처럼 사랑에는 신비한 힘이 있습니다.

개와 고양이가
앙숙인 이유 `. . . . .`

개와 고양이는 앙숙입니다. 이상하게도 마주치기만 하면 서로 으르렁거립니다. 도대체 왜 그럴까요. 그 이유는 자기 감정을 표현하는 방법(언어)이 다르기 때문입니다.

한 가지 예로, 개는 기분이 좋으면 꼬리를 쳐들고 흔듭니다. 반면 기분이 나쁘거나 상대에게 적대감을 가졌을 때는 꼬리는 내립니다. 반대로 고양이는 기분이 좋을 때 꼬리를 내립니다. 그러나 상대를 위협하거나 경계심을 표현할 때는 꼬리를 높이 쳐듭니다.

그 외에도 개가 귀를 뒤로 젖히는 것은 좋다는 뜻이지만, 고양이는 화가 났다는 표시입니다.

이렇게 감정을 표현하는 방법이 서로 다르기 때문에 오해가 생기는 것입니다. 개가 고양이를 만나 반갑다고 꼬리를 세우고 흔들면 고양이는 "저 놈이 나를 공격하려는 모양이다."라고 생각하는 것입니다.

인간관계에서도 의사소통이 정확하게 이루어지지 않으므로 그런 일들이 일어날 수 있습니다. 중요한 것은 상대방의 의사를 정확하게 읽는 것입니다.

그것이 좋은 관계를 만드는 필수적인 기술입니다. 혼자 상상하기보다는 내가 정확하게 알고 있는지 확인하는 것이 먼저입니다.

Yes! 설레설레,
No! *끄떡 끄떡* .....

 한번은 인도사람과의 대화 중에 혼란을 겪었던 적이 있습니다.

"내일 아홉 시에 만나자." 했더니 이 친구가 고개를 좌우로 설레설레 흔들었습니다. "아홉 시 반." 그래도 설레설레! "열 시."

나중에 알고 보니 이 사람들은 상대방의 의견에 동의를 표할 때 고개를 좌우로 갸우뚱하는 것입니다. Yes는 설레설레, No는 *끄떡 끄떡*!

인도를 위시한 서남아시아 문화권에서는 몸짓의 의미가 우리와 반대인 경우가 많다는 것을 뒤늦게 깨달았습니다.

또 하나의 예를 들면, 우리는 만났다가 헤어질 때, 손을 흔듭니다. 그리스에서 그런 행동을 하면 그것은 "지옥에나 가라!'는 욕설이 된다고 합니다.

　서로 다르다는 것 때문에 불편해 할 때가 많습니다. 심지어 생각이 다르고 견해가 다르다는 것 때문에 다툼이 일어나고 서로 미워할 때도 있습니다.

　조금만 생각을 바꾸어 보면 다른 것은 문제가 아니라 경쟁력이 되고 서로 도움이 될 수도 있습니다.

조종사가
없습니다 · · · · ·

최신형 첨단 제트 여객기가 태평양을 건너고 있었습니다. 서울 상공을 이륙한지 한 시간쯤 지났을 때 승객들은 스피커에서 흘러나오는 안내방송을 들었습니다.

"승객 여러분, 이 방송은 여러분이 출발하기 전, 사전에 녹음된 메시지입니다. 지금 여러분은 세계 최초로 최첨단 전자 공학에 의해서 제작된 항공기에 탑승하시는 특권을 누리고 계십니다.

이 항공기는 첨단 전자 기술력으로 자동으로 인천공항을 이륙하였습니다. 지금쯤이면 지상 40,000피트 상공을 전자 공학적으로 날아가고 있을 것입니다. 앞으로 태평양을 건너서 로스앤젤레스 공항에 자동으로 착륙하게 될 것입니다. 따라서 지금 이 비행기에는 조종사도 없고 부조종사도 없습니다. 그 어떤 엔지니어도 필요없기 때문에 탑승하지 않았습니다. 그러나 염려하지 마십시오. 아무것도 잘못될 것이 없습니다."

여러분이 이런 상황을 당하게 된다면 어찌하시겠습니까. 내가 탄 비행기에 조종사도 없고, 승무원도 없이 기계에 의해서 자동적으로 움직인다면 안심하고 여행을 하실 수 있겠습니까.

하나님이 없다고 생각하는 사람은 승무원이나 조종사가 없는 비행기를 타고 있는 것과 같습니다. 여러분은 과연 어느 비행기를 선택하시겠습니까. 최첨단 우주과학으로 설계된, 조종사가 없는 비행기를 탑승하겠습니까.

아니면 유능한 조종사가 조종하는 비행기를 탑승하겠습니까. 그것이 인생 여정을 가는 동안 여러분 마음의 상태를 좌우할 것입니다.

시간 때우는
인생 . . . . .

인생에는 목적이 있어야 합니다.

우리가 생각하는 대부분의 목적이란 것이 사실은 목적이 아니라 수단인 때가 많습니다. 많은 사람들이 돈을 목적으로 삼습니다. 돈은 목적이 아니라 도구입니다. 인생을 가치 있게 존귀하게 살도록 도와주는 도구일 뿐입니다. 권세와 명예, 지식, 건강도 마찬가지입니다.

고등학교 3학년은 대학입시가 자기 목적이라고 생각합니다. 수능시험을 끝낸 고3 학생 교실은 무질서합니다. 무법천지입니다. 선생님이 앞에 있어도 만화책을 보고 휴대폰으로 문자를 보내거나 오락을 하기도 하고, 엎드려 잠을 자기도 합니다. 그야말로 엉망진창입니다.

입시 위주의 교육현실 속에서 시험이 끝나고 나니까 더 이상 목적이 없어진 것입니다. 이런 현상은 오늘날 학교가 입시 수단으로 전락해 버렸다는 것을 의미합니다. 우리 청소년들의 유일한 목적은 대학입시 뿐이었다는 것을 여실히 증명해 주는 현상이기도 합니다.

목적을 느끼지 못하는 모임이 또 있습니다. 바로 예비군 훈련과 민방위 훈련장입니다. 민방위 훈련이나, 예비군 훈련을 나가면서 국토방위의 사명과 불타는 애국심을 가지시는 분은 별로 없을 것입니다. 어쩔 수 없이 해야 하는 일이기에 나가는 것입니다. 많은 사람들이 그 훈련은 시간낭비, 인력낭비, 국가적 손실이라고 생각합니다.

목적이 명확하지 않는 인생은 이와 같습니다. 목적 없는 인생은 시간 때우는 인생입니다. 그러나 목적을 발견할 때 눈에 불이 튀고 가슴에 열정이 보이고 인생의 힘을 느낄 수 있습니다.

평생 변하지 않을 목적이 있습니까. 내일 달라질 목적이 아니라 변하지 않을 목적 말입니다.

기억해야
할 것 · · · · ·

대구 지하철 사고 현장을 가보았습니다.

현장을 돌아보고 나오면서 동행했던 분에게 "사고
현장을 한 부분이라도 영구히 보존했으면 좋겠다."고 말했습
니다. 지하철 참사 때 사고 현장을 제대로 보존하지 않았다는
것이 문제로 대두되었습니다. 한 가지 더 생각할 것은 앞으로
미래를 위해서도 현장보존은 반드시 필요하다는 것입니다.

독일은 유태인 학살 현장이었던 강제수용소를 그대로 보존
하고 있습니다. 독일인들로서는 숨기고 싶은 치부이지만 일
반인들에게 개방하고 있습니다.

참사의 현장인 중앙로역 그을린 벽면의 상당 부분은 보존
했으면 좋겠습니다. 틀림없이 사람들은 추모비나 혹은 위령

탑을 세우려고 할 것이며, 시간이 지나면 적당히 일을 얼버무리려고 할 것입니다. 그 어떤 추모비나 위령탑보다도 불에 그을린 사건의 현장을 보존하는 것이 의미가 있다고 생각합니다. 그것은 우리들에게 교훈을 줄 것입니다.

사람들은 냄비근성에 대해 조소(嘲笑) 섞인 말들을 합니다. "지금 이렇게 떠들어도 얼마 지나지 않아서 다 잊어버릴 것이고 또 다시 무감각하게 생활할 것이다." 아마 이렇게 말하는 그 사람도 잊어버릴 것입니다.

지혜로운
화가 . . . . .

어느 나라에 한쪽 눈을 실명한 왕이 있었습니다.
어느 날 왕은 본인의 초상화를 그리고 싶었습니다.
왕은 화가를 불러서 초상화를 그리라고 했습니다.

그 화가는 두 눈이 모두 정상인 왕의 초상화를 그렸습니다.
왕은 그 화가의 그림을 보고 크게 노하였습니다.

두 번째 화가가 초상화를 그렸습니다. 그는 왕의 얼굴을 사
실 그대로의 모습으로 그렸습니다. 보기 흉한 왕의 눈이 그대
로 드러났습니다. 두 번째 그림 역시 왕은 화를 냈습니다.

마침내 아무도 왕의 초상화를 그리겠다고 나서는 사람이
없었습니다. 그러자 어떤 무명의 화가가 초상화를 그리겠다
고 자청했습니다. 마침내 왕은 그가 그린 초상화를 보고 매우

흡족해 했습니다. 왜 그랬을까요. 그는 왕의 옆모습, 즉 성한 눈이 있는 쪽의 얼굴을 그렸던 것입니다.

100퍼센트 장점만을 가진 사람은 없습니다. 누구나 장점과 단점을 가지고 있습니다. 경우에 따라서는 장점이 단점이 되고 단점이 장점이 되기도 합니다. 사슴이 화려하고 멋있는 뿔을 자랑하지만, 그 뿔 때문에 나무에 걸려 사냥꾼에게 잡힐 수도 있는 것입니다. 완벽한 인생은 없습니다. 상대의 좋지 못한 면을 보기 시작하면 모든 것이 추하게 보입니다.

모든 일은 보기에 따라 다릅니다. 어느 면을 보느냐는 것은 자유이지만 그 시각은 인생의 현재와 미래를 결정합니다. 왕의 초상화를 그린 지혜로운 화가의 태도를 배워야 겠습니다.

자녀들은
보고 배운다 . . . . .

사람에게 인격적으로 문제가 생기면 곤란합니다.
이는 육체의 질병과는 달리 혼자만의 문제가 아니
라 다른 사람에게 지울 수 없는 상처를 줄 수 있습니다.

인간관계의 문제는 대부분 어려서부터 그 싹이 만들어집니
다. 사람의 육체적 출생은 10개월이면 됩니다. 그러나 인격적
출생은 태어나면서부터(학자들의 견해에 다소 차이가 있지만) 시
작해서 16세까지 이루어집니다. 16년 동안 사람은 자기 자신
의 정체성(Identity)을 형성합니다. 곧 자기 발달의 과정입니다.
대부분의 부모들은 아이들에게 일이 생기면 "우리 아이가 어
렸을 때는 모범적이었는데 친구를 잘못 만나서 이렇게 됐어
요"라고 말합니다.

문제는 하루아침에 생긴 것이 아닙니다. 물론 한 사람의 인격형성에는 선천적인 요소와 후천적인 요소(환경) 중, 어느 한쪽의 영향만을 절대적으로 이야기할 수는 없습니다. 선천적인 요소는 사람이 바꿀 수 있는 영역이 아니라고 본다면, 환경적 요소에 대한 책임은 그 아이의 인격 형성기에 가장 가까이 있었던 사람의 몫입니다. 즉 부모의 책임이라는 것입니다.

사람은 듣고 배우는 것보다 보고 배우는 부분이 더 많습니다. 대부분 부모들이 자녀를 말로써 가르치고 시각적으로는 가르치지 않습니다. "공부하라." "정직하라." "긍정적으로 생각하고 말하라." 하면서도 정작 자신들은 TV 앞에만 앉아있는 모습을 자녀들에게 보이며, 적당한 편법을 동원하여 사는 것을 유능함이라고 과시하며, 지도자를 비난하고 남을 헐뜯는 언행을 서슴없이 드러냅니다. 이러한 부모의 행동은 결국 자녀들의 인격을 건강하게 자라지 못하게 만드는 원인이 됩니다. 자녀들은 듣고 배우는 것이 아니라 보고 배운다는 것을 기억해야 합니다.

"아니 온 듯
다녀가옵소서" · · · · ·

등산로에 형형색색의 리본이 걸려 있습니다.

그 리본은 길을 알려주는 역할을 할 뿐더러 "산불 조심"이나 "쓰레기를 버리지 맙시다" 등등 문구들이 적혀 있어서 사람들의 주의를 환기시키는 역할도 합니다. 언젠가 등산로에서 흔하게 볼 수 있는 리본에 적힌 글을 읽은 적이 있습니다.

"아니 온 듯 다녀가옵소서."

얼핏 보기에 무슨 의미인지 감이 잡히지 않지만 자세히 생각해 보면 많은 메시지가 담겨 있습니다. 그 문구에는 자연을 보호하자는 뜻도 담겨있고, 쓰레기를 버리지 말자는 의미도 있습니다. 흔히 볼 수 있는 경고성 문구가 아님에도 불구하고,

아주 강한 메시지가 전달됩니다. 보는 이로 하여금 기분 좋은 느낌을 전달합니다.

우리가 사용하는 말이 때로 지나치게 직설적인 경우가 있습니다. 특정한 행위를 강요하는 명령형 문구나 구호가 많습니다. "쓰레기 무단 투기 엄금" "…고발 조치함"이라며 엄포는 하는데, 어디에 어떻게 처리를 하라는 안내는 없습니다. 또한 요즘 쉽게 듣는 말이 "○○ 결사반대"입니다. '결사(決死)'라는 말은 목숨을 건다는 말인데, 과연 그 주장이 목숨을 걸어야 하는 일인지 의문이 생길 때도 있습니다. 우리가 사용하는 말에 인플레가 심하다는 생각이 듭니다.

강하고 자극적인 용어를 사용하고, 목소리가 커야 메시지가 더 잘 전달되는 것은 아닙니다.

"내가 너희에게 이르노니 사람이 무슨 무익한 말을 하든지 심판 날에 이에 대하여 심문을 받으리니"(마태복음 12:36~37).

자판기 앞에만
서면 · · · · ·

우리 교회 현관에 커피 자판기가 있습니다.

그 앞에만 서면 누구나 인심이 후해집니다. 누구라도 지나가는 사람을 만나면 커피를 마시라고 권합니다. 마치 커피가 보약이라도 되는 듯이 사람을 붙들고 권하는 것입니다. 그렇게 권하는 커피를 다 받아 마셨다가는 위장이 감당을 못할 지경입니다.

왜 그렇게 인심이 후한 것일까요? 여러 이유가 있겠지만 그 것은 커피 값이 100원이기 때문입니다. 아마 대한민국 어디를 가도 100원짜리 커피는 찾아보기 어려울 겁니다. 100원이 가치가 없기 때문이 아닙니다. 때로는 시장거리에서 돈 100원 때문에 서로 다투기도 합니다만 자판기 앞에만 서면 100원은 너무나 싸게 여겨지는 것입니다.

처음 자판기를 들여놓을 때 커피 가격을 얼마로 할 것인가를 의논했습니다. 다른 곳과 비교할 때 100원은 너무 싸다는 의견도 있었습니다. 그러나 결론은 100원으로 하자는 것이었습니다. 아마 200원이었더라도 지금처럼 인심이 후해지지 못했을지도 모릅니다.

100원은 은혜의 값입니다. 100원이기에 그 앞에서 너무나 너그러워지는 것입니다. 더 비싼 것을 주문하고 싶어도 할 수도 없습니다. 상대방이 누구이든지 간에 자판기 앞에서는 100원으로 최상의 대접을 할 수 있기 때문입니다. 대접을 받는 사람도 부담이 없습니다.

단돈 100원으로 더 이상 기대할 것도 없이 그 상황에서 받을 수 있는 최고의 대접을 받습니다. 왜 이 정도로 나를 대접하느냐는 섭섭함이 있을 수도 없습니다. 100원으로 마음이 최고로 즐겁습니다.

자판기 앞에서는 누구나 평등해집니다. 누구나 후한 마음이 됩니다. 참으로 이상합니다.

사무라이(武士)
정신 . . . . .

떡 장사 집 이웃에 가난한 홀아비 무사가 어린 자식과 함께 살았습니다. 어린아이가 떡집에서 놀다 돌아간 뒤 떡 한 접시가 없어졌습니다. 떡집 주인은 당연히 그 무사의 아들을 의심했습니다.

그 무사는 "우리가 아무리 가난할망정 내 자식은 사무라이의 아들이오. 남의 가게에서 떡을 훔쳐 먹다니 그럴 리가 만무하오." 그 무사가 백방으로 변명을 해 보았으나 떡 장사는 도무지 그 말을 듣지 않고 떡값을 내놓으라고 다그치기만 합니다. 이에 무사는 칼을 빼어들더니 난데없이 자기 아들을 내리쳤습니다. 아들의 배를 갈라 떡을 훔쳐 먹지 않은 것을 증명해 보인 뒤, 그 칼로 떡장수를 쳐 죽이고 자신마저 할복 자결해

버립니다.

 이 이야기는 일본사람들이 사무라이 정신을 자랑하기 위한 일화 중에 하나입니다. 그들은 이 일화를 자랑스럽게 여긴다고 합니다. 명예를 지키기 위해서 생명을 그야말로 초개같이 여기는 기상을 가진 민족이라는 것입니다.

 그들은 이러한 정신이 일본의 정신이라고 자랑할지 모르지만 거기에는 삐뚤어진 인격적 모습이 여과 없이 드러나고 있습니다. 자신을 다스리지 못하는 속 좁은 인간성, 자신의 감정을 절제하지 못하는 병적인 히스테리, 나아가 잘못된 가치관이 근저에 자리 잡고 있음을 볼 수 있습니다. 자신의 명예가 소중한 만큼 다른 사람의 생명도 소중한 것입니다.

 사람은 저마다 자신이 가치를 부여하는 것을 위하여 살아갑니다. 가치관이 잘못될 때 인생도 잘못되는 것입니다. 가치관이 인생을 좌우합니다. 예를 들어 물질주의 가치관은 물질을 얻기 위해서라면 윤리도 무시되고, 인격도 포기하게 만듭니다.

당신의 우산은
안전합니까 · · · · ·

몇 해 전 청년들과 백두산 등정을 한 적이 있습니다. 중국을 여러 번 다녔지만 백두산까지 갈 기회는 없었습니다. 특히 인상적인 것은 그 해 여름, 탈북 청소년들과 함께 그 위험한 여행을 했다는 것입니다.

장춘에서 밤새도록 기차를 타고 새벽에 연길 역에 내리자마자 탈북 청소년들을 만났습니다. 곧장 백두산을 향하여 그들과 함께 버스를 타고 하루 종일 비포장도로를 달렸습니다.

백두산 아래 이도백화에 당도했을 때, 궂은 날씨로 천지를 보지 못할까 우려하면서 우산을 챙겼습니다. 백두산 등정이라 해봤자 지프를 타고 손살 같이 올라가 한 50미터 남짓 되는 거리를 걸어 올라가는 것이 전부였지만 그 어떤 산에 오르는 것보다도 마음이 설레었습니다.

천지를 보는 것은 열 번 백두산에 올라가서 한번 볼까 말까 할 정도로 천지의 날씨는 변화무쌍합니다.

그날도 비가 부슬부슬 내렸습니다. 산 아래에서 지프를 기다리고 있는데 급하게 경찰차가 올라가고, 사람들이 부산하게 움직이더니 한참 후에 피에 젖은 중국 여학생이 실려 내려왔습니다.

비가 오는 흐린 날에 우산을 들고 백두산 정상에 서 있다가 벼락을 맞은 것입니다. 그 말을 듣는 순간 챙겼던 우산을 던져버렸습니다.

우리는 나름대로 인생의 우산을 준비합니다. 재물이라는 우산, 권력, 지식(기술), 인맥이라는 우산, 심지어 자식을 인생의 우산으로 여기는 경우도 있습니다.

그러나 그것이 항상 나를 지켜주는 것은 아닙니다. 때로는 그것이 내 인생을 망치는 흉기가 될 수도 있습니다. 당신의 우산은 안전합니까.

야생동물에게
먹이를 주지 마시오 · · · · ·

미국 와이오밍 주에 있는 옐로우스톤 국립공원 (Yellow Stone National Park)의 입구에 들어서면 공원 관리인들이 특이한 안내문을 나누어준다고 합니다. 그 안내 문에는 "야생동물에게 먹이를 주지 마시오"(Do not feed wild) 라는 경고성 문구가 적혀 있습니다.

왜 야생동물에게 먹이를 주지 말라고 당부를 하는 것일까 요. 공원관리인의 말에 의하면 관광객들이 먹이를 주기 때문 에 동물들이 굶어 죽는다고 합니다.

관리인의 말에 의하면 사람들의 발걸음이 뜸한 겨울을 지 나고 나면 사람들이 던져주는 먹이만을 기다리다 죽어버린 동물들의 사체가 즐비하다고 합니다. 사람들이 던져주는 먹이에 익숙해진 야생동물들이 사냥하는 방법을 잊어버리기 때문입니다.

우리의 자녀교육을 생각해 봅니다. 청소년들의 신체조건은 과거에 비하여 월등하게 나아졌지만, 정신적으로는 더 나약해졌습니다. 그 이유는 거의 모든 것을 부모가 대신 해주는 조급증 때문입니다. 아이들 스스로 생각하고 해결하기까지 기다리지 못하는 것입니다. 자녀를 사랑한다면 인내심을 갖고 기다려 주십시오. 조금은 방치(?)하십시오. 스스로 고민하고 해결할 때까지….

옐로우 스톤의 야생동물처럼 되지 않기 위해서 말입니다.

알프스의
나무들 ....

 알프스 산맥은 가까이는 초원과 숲과 호수, 멀리는 험준한 산봉우리의 만년설로 유명합니다. 알프스의 낮은 지대에는 쭉쭉 곧게 자란 아름드리나무들이 우거져 있고 고도가 높아질수록 나무는 듬성듬성 자라고 크고 곧은 나무들은 보기 어렵습니다. 해발 3000미터의 수목 한계선에 이르면 나무들이 더 이상 살기 어렵습니다. 이곳에서 자라는 나무들은 나이에 비해서 키가 작고 몸체는 뒤틀려서 기괴한 모습을 하고 있습니다. 이런 나무들은 땔감으로 쓰는 것 외에는 아무 쓸모가 없을 것 같아 보입니다.

놀랍게도 세계적인 바이올린의 명품들이 바로 이런 나무로 만들어진다는 것입니다. 이렇게 열악한 환경을 이겨 낸 나무라야 세월이 가도 휘거나 터지지 않으며 연주할 때 공명도 잘 된다고 합니다.

고생을 좋아하는 사람은 없습니다. 누구나 그저 편안하고 즐거운 일만 계속되기를 바랍니다. 그러나 고난 없는 삶은 게 으르고 무기력해집니다. 도전하고 극복할 대상이 없기 때문 에 성취의 보람도 사라지고 마는 것입니다.

세계역사를 바꾼 위인들은 하나같이 어려운 환경 가운데서 꿈과 의지를 가꾼 사람들이었습니다. 그들은 누구보다도 아 픔을 겪어 본 사람들이며, 고난 속에서 갈등하고 인생의 한계 를 맛본 사람들입니다. 고난 속에서 사람은 겸손해집니다.

자녀들에게도 고난을 피해 가는 길을 가르치기보다는 고난 을 이기는 지혜를 가르쳐야 합니다. 편안한 인생을 살아온 사 람의 매끈한 이마보다는 역경을 이겨 낸 사람의 주름 잡힌 이 마가 훨씬 아름답습니다.

발로 쓴
내 인생의 악보 · · · ·

 레나 마리아(1968 ~)는 태어날 때부터 심한 장애를
가진 여성입니다. 두 팔이 없고, 게다가 한쪽 발마
저 짧은 모습으로 태어났습니다. 레나 마리아는 그런 극심한
장애를 가졌음에도 불구하고 밝고 긍정적인 생각을 가진 사
람입니다. 그는 자신의 장애를 부끄러워하지 않습니다.

그녀는 한쪽 발로 다른 사람들이 할 수 있는 대부분의 일
들을 할 수 있습니다. 요리도 하고, 전화도 받고, 자동차 운
전을 하고, 젓가락을 사용하기도 하고, 사람들에게 사인도
해줍니다.

수영선수로도 활약하여 장애인 올림픽에서 네 개의 금메달
을 따기도 했으며, 지금은 그가 좋아하는 음악을 전공하여 한

쪽 발로 피아노를 연주하는 세계적인 복음성가 가수로 활동하고 있습니다.

레나 마리아는 장애를 극복하고 하나님을 찬양하는 삶을 통해서 사람들에게 희망과 용기를 주는 일을 자신의 사명으로 생각하고 있습니다. 그가 즐겨 묵상하는 성경말씀은 시편 139편이라고 합니다.

그녀는 하나님께서 태아였을 때부터, 아니 태어나기 이전부터 그의 곁에 있었다고 믿으며, 자신의 모습과 형태는 중요하지 않으며, 하나님은 자신과 하나님과의 관계를 중요하게 여기신다고 고백합니다. 자신에게 장애가 없었더라면 지금과 전혀 다른 사람이 되었을 것이라고 말합니다.

고난은 우리의 인생을 아름답게 만드는 하나님의 도구임에 틀림이 없습니다.

가장 좋은
스파링 파트너 . . . . .

 20여 년 전 "나비같이 날아서 벌같이 쏘겠다"는 말
로 유명한 무하마드 알리(Cassius Marcellus Clay,
1942~)는 주먹 하나로 부와 명예를 한 손에 거머쥔 대단한 권
투선수입니다. 그의 주먹이 얼마나 센지 아무도 감히 그의 스
파링 상대로 나서지를 못했습니다.

유일하게 레리 홈즈(Larry Holmes)라는 흑인이 그의 스파링
파트너가 되었습니다. 당시 홈즈는 가난한 무명의 권투선수
로 유명 선수의 주먹을 받아주는 연습상대를 하지 않으면 생
계를 이어가기가 힘들었습니다. 알리에게 원 없이 맞아 퉁퉁
부은 그의 얼굴에 누구하나 관심을 가져주거나 위로하는 사
람은 없었습니다. 더욱 참기 어려운 것은 알리의 빈정대는 말

투였다고 합니다.

"기껏해야 너는 내 연습상대 밖에 되지 못해!"

홈즈는 그 굴욕을 받아가면서 이를 악물고 권투를 배웠습니다. 마침내 그는 당당한 권투선수가 되었고, 알리에게 도전하여 그를 보기 좋게 때려 눕혔습니다. 챔피언이 된 순간 그는 사람들에게 이렇게 말했습니다.

"알리는 나의 가장 좋은 스파링 파트너였습니다."

"너의 길을 여호와께 맡기라 저를 의지하면 저가 이루시고 네 의를 빛같이 나타내시며 네 공의를 정오의 빛같이 하시리로다"(시편 37:5~6).

자일리톨
효과 · · · · ·

자일리톨 껌을 씹으면 충치를 예방합니다. 즉 자작나무나 떡갈나무 등에서 얻어지는 자일리톨이 함유된 껌을 자기 전에 씹으면 충치를 예방할 수 있다고 합니다. 요즘 자일리톨 성분이 함유된 껌이 인기를 끌고 있습니다.

자일리톨(xylitol) 성분은 단맛을 냅니다. 우리 상식으로 단맛이 함유된 껌을 자기 전에 씹으면 오히려 치아에 나쁠 것이라는 생각이 들지만 그렇지 않다는 것입니다. 자일리톨 성분이 어떻게 충치균을 없애는 역할을 하는지 알고 보면 참 재미가 있습니다.

자일리톨이 충치균을 죽이는 방법은 그 단맛을 이용하여 병균을 아사(餓死)시키는 것입니다. 결과적으로 충치균은 달

콤한 자일리톨을 먹고 영양실조에 걸려 죽는다고 합니다. 자일리톨 성분은 충치균의 몸속에서 소화가 되지 않는 특성을 가지고 있습니다. 즉 사람의 치아에 서식하는 충치균은 자일리톨의 단맛을 좋아하여 그것을 받아먹지만 이 자일리톨은 소화가 되지 않습니다. 그것도 모르는 충치균은 맛있고 배를 부르게 하는 자일리톨을 먹고 배설하는 과정을 반복하다 결국에는 영양실조가 되어 죽게 되는 것입니다.

요즘 우리 사회는 재미있는 것만을 좋아합니다. 영화도 말초적인 장면이 없으면 관심이 없고, TV를 보다가도 조금 지루하면 바로 채널을 돌립니다.

설교에도 기독교 만담이 유행입니다. 재미를 배제 할 필요가 없지만 알맹이를 잃으면 안 됩니다. 재미보다 의미를 중요시하는 사회가 되어야 합니다.

돼지와
사람의 차이 . . . . .

돼지를 깨끗하고 호화스러운 집에 살게 하면 어떻
게 될까요. 아마 얼마 못 가서 그 집은 더럽고 냄새
나는 돼지우리도 변할 것입니다. 반대로 돼지우리에 사람이 들
어가 살면 어떻게 될까요. 얼마 안가서 그곳은 정리되고 깨끗
이 청소되어서 사람이 살만한 공간으로 변하게 될 것입니다.

돼지는 아무리 좋은 환경을 만들어 주어도 그곳을 돼지우리
로 만들어 버립니다. 왜냐하면 돼지이기 때문입니다. 반대로
사람은 아무리 열악하고 더러운 환경 속에 있어도 그곳을 사람
이 살만한 깨끗한 환경을 바꾸어 놓는 능력이 있습니다. 사람
이기 때문입니다.

행복은 환경에 의해서 자동적으로 만들어지지 않습니다. 저

를 포함한 많은 사람들이 생각하기를 환경이 행복을 만든다고 생각하지만 그것은 결코 사실이 아닙니다. 가령 지금보다 좀 더 넓은 아파트로 이사 가게 되면, 능력 있는 좋은 배우자를 만나면 행복해지리라고 생각합니다. 그러나 아무리 좋은 환경이 주어진다 할지라도 그것을 행복으로 승화시키는 능력이 없으면 행복은 주어지지 않습니다. 그것이 바로 감사하는 마음입니다.

저마다 행복을 찾지만, 행복의 작은 씨앗을 보는 눈은 없습니다. 우리는 작은 것을 감사할 줄 모릅니다. 우리가 누리고 있는 것들에 대한 감사를 잃어버리고 사는 것 같습니다. 지금 내 곁에 있는 사람들의 소중함을 모른 채 지나칠 때가 많습니다. 감사를 모르는 사람에게 좋은 환경은 돼지에게 진주와 같습니다. 주어진 환경에 감사하십시오. 그 감사는 행복을 만들어 낼 것입니다.

"거룩한 것을 개에게 주지 말며 너희 진주를 돼지 앞에 던지지 말라 저희가 그것을 발로 밟고 돌이켜 너희를 찢어 상할까 염려하라"(마태복음 7:6).

하나입니까,
둘입니까 . . . . .

「탈무드」(Talmud)에 이런 글이 있습니다.

어느 부부가 아이를 낳았는데 그 아이는 심한 기형아였습니다. 몸은 하나인데 머리가 둘인 샴쌍둥이가 태어났습니다.

사람들은 과연 이 아이가 한 사람인가, 두 사람인가를 가지고 논란을 벌였습니다. 어떤 사람은 머리가 둘이기 때문에 두 사람으로 인정을 해야 한다고 했으며, 또 다른 사람들은 몸뚱이가 하나이기 때문에 한 사람으로 취급을 해야 한다고 말했습니다.

결국 유명한 랍비에게 묻기로 했습니다. 그 질문에 대하여 랍비는 막대기를 하나 가져오라고 했습니다. 다짜고짜로 아이의 한 쪽 머리를 때리라고 했습니다. 그래서 한 쪽이 아파서 울 때, 다른 한 쪽 머리도 같이 울면 한 사람이고, 한 쪽이 우는 데 다른 한 쪽이 웃는다면, 그것은 두 사람이라고 했습니다. 의학적으로 어떻게 규명할 것인지 우리로서는 알 수 없지만 중요한 교훈을 담고 있는 이야기라고 생각합니다.

하나의 의미가 무엇입니까.

아무리 말로서 "우리는 하나"라고 우길지라도, 그물 같은 조직으로 얽어맬지라도, 같이 아파하고, 같이 웃을 수 없다면 그것은 하나가 아닙니다.

말로만 하나 되자 하지 마십시오. 그것은 그의 아픔에 함께 아파하는 것이고 기쁨에 함께 기뻐하는 것에서 출발하는 것 입니다.

"즐거워하는 자들로 함께 즐거워하고 우는 자들로 함께 울 라"(로마서 12:15).

브뤼셀로
가는 기차 . . . . .

벨기에의 수도 브뤼셀로 가는 기차 안에서 있었던 이야기입니다.

한 승무원이 승객들의 표를 검사하고 있었습니다. 그러더니 그는 고개를 갸우뚱하면서 연신 혼잣말을 하고 있었다.

"아이고 큰일났군, 큰일났어!"

이윽고 기차의 한 칸을 모두 검사하고 나서 그는 승객들을 향해서 큰소리로 말했습니다.

"승객 여러분! 여러분은 모두 기차를 잘못 타셨습니다. 지금 여러분은 반대 방향으로 가는 기차를 타셨으니 다음 역에서 내려서 열차를 갈아타시기 바랍니다."

그런데 이게 웬일입니까. 곧 이어서 흘러나온 열차의 안내

방송에는 "이 열차는 브뤼셀로 가는 ○○호 열차입니다." 하는 멘트가 흘러나오는 것이 아닙니까.

도대체 어찌된 일입니까. 그렇습니다. 기차를 잘못 탄 것은 승객이 아닌 바로 그 승무원이었습니다. 승객 모두가 브뤼셀로 가는 기차표를 지니고 있었다면 "아니, 이거 내가 기차를 잘못 탔나." 하고 당연히 생각해 볼 것이 아닙니까.

그가 승무원이었기에 망정이지 그 열차의 기관사였다면 승객 모두는 브뤼셀이 아닌 다른 곳으로 갔을 것입니다.

여러분은 지금 어디로 가고 있습니까. 제대로 된 방향으로 가고 있습니까. 인생의 방향을 점검하십시오.

세계가 만일
100명의 마을이라면 · · · · ·

"세계가 만일 100명의 마을이라면" 이러한 내용으로 시작되는 메일이 2001년부터 전 세계적으로 나돌기 시작했습니다. 이 메일이 변형에 변형을 거듭하면서 많은 사람들에게 전달되었습니다.

이 짧은 글은, 세계 63억 인구를 100명으로 환산하여, 다시 말해 백분율로 바꾸어 생각해 본 것입니다. 여기서 소중한 사실을 발견할 수 있습니다. 내가 누리고, 소유하고 있는 것들은 남다른 특권이며, 축복이라는 사실입니다. 그 내용을 간단하게 요약해 봅니다.

"만일 세계의 인구가 100명뿐이라면… 아시아인은 57명,

유럽인은 21명, 아메리카인은 14명, 아프리카인은 8명, 70명은 유색인종, 30명은 백인입니다. 그 가운데 20명은 영양실조이고, 1명은 굶어죽기 직전인데, 15명은 비만입니다. 75명은 먹을 양식을 비축해 두었고, 비와 이슬을 피할 집이 있지만, 나머지 25명은 그렇지 못합니다. 17명은 깨끗하고 안전한 물을 마실 수조차 없습니다.

은행에 예금이 있고, 지갑에 돈이 있고 집안 어딘가에 잔돈이 굴러다니는 사람은 마을에서 가장 부유한 8명 안에 드는 한 사람입니다. 자가용을 소유한 사람은 100명 중에 7명 안에 드는 한 사람입니다. 이 마을 사람 중 1명은 대학교육을 받았고, 1명은 컴퓨터를 가지고 있습니다. 그러나 14명은 글조차 읽지 못합니다." 이렇게 생각하면 비를 피할 수 있는 집이 있고, 하루 세 끼 굶지 않고 먹을 수 있으며, 글을 읽고 쓸 수 있는 사람이라면 선택받은 사람입니다. 거기다가 당신 집에 컴퓨터를 갖추고 있다면, 당신은 굉장한 엘리트입니다.

박해, 체포 고문에 대한 두려움 없이 매주 교회에 다닐 수 있는 사람이라면 이 지구상의 30억 인구가 누리지 못하는 것을 누리고 사는 행운아입니다.

위에 다른 사람
없습니까 · · · · ·

어떤 사람이 낭떠러지 절벽으로 미끄러져 겨우 나무뿌리를 붙잡고 수 천 길 낭떠러지에 매달려 있었습니다. 나무뿌리를 놓는 순간, 그는 죽을 수밖에 없는 절대절명의 순간입니다.

이 절박한 순간에서 그는 기도했습니다.

"하나님, 저를 살려주세요! 지금 당장 나를 구원할 손길을 보내주세요."

그렇게 죽기 살기로 외치는데 절벽 위에 누군가의 그림자가 나타났습니다. 반가움에 눈을 들어보니 예수님이 그 위에서 계신 것이 아니겠습니까.

"아! 이제 살았구나."

안도의 한숨을 쉬고 있는데, 예수님께서 말씀하십니다.

"내가 너를 살려줄 줄로 믿느냐."

"예! 예수님, 예수님이 아니시면 누가 저를 살릴 수 있겠습니까."

"참으로 그렇게 믿느냐."

"예! 저는 예수님의 능력을 믿습니다. 예수님은 죽은 사람이라도 다시 살리시는 능력을 가지신줄 믿습니다."

"진실로 네가 그렇게 믿느냐. 그렇다면 지금 네가 붙잡고 있는 그 나무뿌리를 놓아라!"

"······"

그렇게 시끄럽던 절벽 아래가 갑자기 조용해졌습니다. 한참 침묵이 흐르더니 이런 외침이 들려왔습니다.

"위에 누구 다른 사람 없습니까."

붙잡은 것을 놓지 못하는 것은 믿음이 아닙니다. 아무리 큰소리로 떠들어도, 미사여구를 동원하여 믿음을 말해도 놓지(포기) 못하는 것은 믿음이 아닙니다. 기독교의 믿음은 자기를 포기하고 부정하는 데서 출발합니다. 인간의 유한함을 인정하고 하나님의 무한한 능력을 바라보는 것입니다.

로마의
길 · · · ·

중국 진나라 시황제는 만리장성을 쌓는 일에 거대한 투자를 했습니다. 실로 어마어마한 건축물로서 우주에서도 관측되는 유일한 건축물로 인정받고 있습니다. 그러나 진시황의 나라는 오래가지 못했습니다.

반대로 로마는 길을 닦았습니다. 모든 길은 로마로 통한다는 말이 생길 정도로 정복하는 곳마다 도로를 건설했습니다. 아프리카, 아시아, 유럽에 걸친 넓은 영토를 효율적으로 다스릴 수 있었던 것입니다.

놀라운 것은 이 로마의 도로망이 바울의 선교 루트가 되었다는 것입니다. 로마라는 대제국이 존재하지 않았다면 바울의 선교사역도 불가능했을 것입니다. 로마의 도로가 없었다면 그 넓은 지역을 여행할 수 없었을 것이고, 로마가 없었더라면 선교사 바울의 신분 또한 보장받지 못했을 것이기 때문입니다.

우리 인생도 그러해야 합니다. 안일하게 성을 쌓는 모습이 아니라 진취적으로 길을 닦는 모습이 되어야 합니다. 바벨탑(성)을 쌓는 인생이 아니라 세상을 바라보고 나아가는 인생이 되어야 합니다.

연장
나무라지 마십시오 · · · · ·

세계적인 작곡가이자 바이올리니스트인 비발디 (Antonio Vivaldi, 1678~1741)가 스트라디바리우스로 연주를 하는 날이었습니다. 스트라디바리우스는 세상에서 최고라고 알려진 가장 아름다운 선율을 가진 바이올린이었기에 초만원을 이루었습니다. 이윽고 연주가 시작되었고, 청중들은 비발디의 선율에 빠져들었습니다.

"역시 스트라디바리우스는 대단해." 하고 감탄하는 순간! 연주를 멈춘 그는 바이올린을 내리쳐 산산조각 냈습니다. 청중들이 깜짝 놀라 탄성을 지르며 자리에서 일어났을 때, 사회자의 목소리가 들려왔습니다.

"놀라지 마십시오. 이것은 스트라디바리우스가 아니라 싸

구려 바이올린입니다. 참된 음악이란 악기에서 나오는 것이
아닙니다."

　좋은 악기에서 아름다운 음악이 나오는 것은 상식적이며
당연한 것입니다. 그러나 싸구려 악기에서 훌륭한 음악이 나
오는 것은 값진 것입니다.
　연장 나무라지 마십시오.